21세기 제롬 성경 주해 31

주제별 논문

성경과 정의
성경의 문학비평

The Jerome Biblical Commentary for the Twenty-First Century, Third Fully Revised Edition
— *The Bible and Justice* and *Literary Approaches to the Bible*
by Carol J. Dempsey, O.P., Jean François Racine and Gina Hens Piazza

21세기 제롬 성경 주해 **31**

성경과 정의 · 성경의 문학비평

서울대교구 인가: 2024년 11월 7일
초판 1쇄 펴낸날: 2025년 9월 9일

지은이: 캐롤 J. 뎀프시 O.P. / 장 프랑수아 라신 / 지나 헨즈 피아자
옮긴이: 김건동
펴낸이: 나현오
펴낸곳: 성서와함께

주소: 06910 서울특별시 동작구 흑석로13길 7
전화: (02) 822-0125~7/ 팩스: (02) 822-0128
인터넷서점: http://www.withbible.com
전자우편: order@withbible.com
등록번호 14-44(1987년 11월 25일)

ISBN 978-89-7635-457-0 94230
978-89-7635-920-9 (세트)

21세기 제롬 성경 주해 31

성경과 정의
성경의 문학비평

캐롤 J. 뎀프시 O.P. / 장 프랑수아 라신 / 지나 헨즈 피아자 지음
김건동 옮김

성서와함께

The Holy See

"그때에 예수님께서는 그들의 마음을 여시어 성경을 깨닫게 해 주셨다"(루카 24,45). 이는 부활하신 주님께서 승천하기 전에 행하신 마지막 행위 중 하나였습니다. 예수님께서는 제자들 앞에 나타나시어 빵을 떼어 나누고, 그들의 마음을 열어 성경을 깨닫게 하셨습니다. 그리고 두려움과 당혹감에 휩싸인 제자들에게 파스카 신비의 의미를 밝히셨습니다. 성부의 영원한 계획에 따라, 예수님은 인간의 회개와 죄의 용서를 가져오기 위해 고난을 받고, 죽은 이들 가운데서 살아나셔야 했습니다(루카 24,26.46-47 참조). 그런 다음, 이 구원의 신비를 증언할 힘을 주실 성령을 보내 주겠다고 약속하셨습니다(루카 24,49 참조).

부활하신 주님과 믿는 이들의 공동체 그리고 성경의 관계는 그리스도인인 우리 정체성의 본질을 이룹니다. 마음을 열어 주시는 주님 없이는 성경을 깊이 이해할 수 없습니다. 그 반대도 마찬가지입니다. 성경이 없다면 예수님이 세상에 파견된 사건과 교회의 사명은 여전히 이해할 수 없는 채로 남았을 것입니다. 그러므로 예로니모 성인은 "성경을 모르는 이는 그리스도를 모르는 이"(《이사야서 주해》, 서론: PL 24,17B)라고 옳게 주장할 수 있었습니다.

요즘 그리스도교 공동체에서는 매일의 삶을 위해 대단히 중요한 하느님 말씀을 묵상하는 시간을 따로 마련하는 경우가 흔합니다. 지역 교회들은 신자들이 주님의 은총에 감사하고, 성경에 더 쉽게 접근하며, 매일 성경 속 가르침을 구현하고 증언하도록 돕기 위해 적극적으로 나서고 있습니다. 전 세계 가톨릭 학자들이 모여 만든《제롬 성경 주해*Jerome Biblical Commentary*》개정판은 교회에서 일고 있는 이 중요한 움직임을 더 분명하게 입증합니다.

끊임없이 다시 읽고 새길 만한 가치가 있는 문헌인, 제2차 바티칸 공의회 계시 헌장 〈하느님의 말씀*Dei Verbum*〉은 우리가 하느님의 말씀을 재발견하도록 큰 자극을 주었습니다. 그 헌장은 성경의 본질로서 대대로 전해 오는 하느님의 계시(제2장)와 성경의 영감(제3장)을 자세히 설명하고, 구약성경·신약성경(제4-5장)과 교회 생활을 위한 성경의 중요성도 아우릅니다(제6장). 교황 베네딕토 16세는 이 가르침을 발전시키기 위해 '교회의 삶과 사명 안에서 하느님 말씀'이라는 주제로 2008년에 세계주교대의원회의 정기총회를 소집하였고, 〈주님의 말씀*Verbum Domini*〉이라는 후속 교황 권고를 발표했습니다. 그 가르침은 우리 공동체의 토대로 남아 있습니다. 이 권고는 하느님 말씀의 수행적 성격을 각별히 강조하는데, 특히 전례의 맥락에서 그 말씀 특유의 성사적 성격이 두드러집니다.

그러므로 우리 하느님 백성의 삶은 당신의 신부가 사랑 속에서 성장하여 충실한 증인이 되도록, 지칠 줄 모르고 일러 주시는 주님 곧 살아 있는 말씀과 맺는 이 결정적 관계로 인해 끊임없이 드러난다는 말이 맞습니다. 그

살아 있는 말씀을 통해 우리는 유다인들과의 유대를 강화하고, 그리스도인의 일치를 위해 기도할 것을 격려받습니다.

이스라엘 백성이 바빌론 유배에서 고향으로 돌아왔다는 것은 율법서를 공개적으로 봉독한 일에서 결정적으로 드러납니다. 느헤미야기에서는 그 순간을 감동적으로 묘사합니다. 백성은 율법을 듣기 위해 '물 문' 앞 광장에 모였습니다. 그들은 유배 중에 흩어졌지만, 이제는 성경 주위에 '한 사람'처럼 모여 있음을 발견했습니다(느헤 8,1). 백성은 성경에 '귀를 기울이며'(느헤 8,3), 성경 말씀에서 그들이 살아온 경험의 의미를 발견하게 될 것임을 깨달았습니다. 선포를 들은 사람들은 큰 감동과 눈물을 보였습니다. "(레위인들은) 그 책, 곧 하느님의 율법을 번역하고 설명하면서 읽어 주었다. 그래서 백성은 읽어 준 것을 알아들을 수 있었다. 느헤미야 총독과 율법학자며 사제인 에즈라와 백성을 가르치던 레위인들이 온 백성에게 타일렀다. '오늘은 주 여러분의 하느님께 거룩한 날이니, 슬퍼하지도 울지도 마십시오.' 율법의 말씀을 들으면서 온 백성이 울었기 때문이다. 에즈라가 다시 그들에게 말하였다. '가서 맛있는 음식을 먹고 단 술을 마시십시오. 오늘은 우리 주님께 거룩한 날이니, 미처 마련하지 못한 이에게는 그의 몫을 보내 주십시오. 주님께서 베푸시는 기쁨이 바로 여러분의 힘이니, 서러워하지들 마십시오'"(느헤 8,8-10). 이 말씀은 위대한 가르침을 담고 있습니다. 성경은 몇몇 특권층을 위한 모음집이 아닐뿐더러, 어떤 이들의 유산도 될 수 없습니다. 무엇보다도 먼저 말씀의 메시지를 듣고 그 말씀 안에서 자신을 인식하도록 부르심 받은 사람들의 것입니다. 때로는 특정 집단이나 선택된 무리가 성경을 독점하려는 움직임이 있기도 하겠지만, 그럴 수는 없습니다. 성경은 주님을 따르는 이들의 책입니다. 그들은 성경 말씀을 들으면서, 흩어짐과 분열에서 떠나 일치를 향해 나아갑니다. 하느님의 말씀은 신자들을 하나로 묶고 한 백성으로 만듭니다.

그것이 바로 이 성경 주해서에 나타난 학문 유형인, 신앙 공동체를 위해 봉사하는 성경 연구의 중요성이며 사명입니다. 하느님의 백성에게 하느님 말씀을 여는 사목은 거룩한 책무로 진지한 연구와 깊은 사랑, 그리고 성경의 아름다움과 힘에 대한 열린 자세를 요청합니다. 권고 〈복음의 기쁨*Evangelii Gaudium*〉에서 믿음의 정신으로 수행되는 성경 연구와 해석의 소명에 대해 말한 바 있습니다. 복음을 전하겠다는 결심을 불러일으키는 최선의 동기는, 복음을 사랑으로 관상하고 조금씩 찬찬히 마음으로 읽는 것입니다. 이러한 방식으로 복음을 가까이할 때, 우리는 복음의 아름다움에 놀라고, 복음을 읽을 때마다 거듭 매료됩니다. 그러므로 우리는 관상의 정신을 빨리 되찾아야 합니다. 관상은 날마다 우리에게 보화가 맡겨져 있다는 것을 새롭게 깨닫도록 해 줍니다. 이 보화는 우리를 더욱 인간답게 만들고 새로운 삶을 살도록 도와줍니다. 우리가 다른 이들에게 전해 줄 수 있는 것 가운데 이보다 더 소중한 것은 없습니다(《복음의 기쁨》, 264항).

프란치스코 교황

Franciscus

《21세기 제롬 성경 주해》는 가톨릭 학자들로 구성된 국제적인 팀이 펴낸 주해서이다. 성경 전체를 다루고 있는 이 한 권의 책은 성경을 공부하려는 학생, 성직자, 수도자, 사목자, 교사, 그리고 오늘날 세계에서 성경의 본질과 의미를 탐구하려는 평신도 등 광범위한 독자층에게 로마 가톨릭의 관점에서 성경에 대한 심도 있는 분석과 해석을 제공하려는 목적으로 출간되었다. 자신의 영적 자양분의 원천으로서 성경을 공부하고 성찰하는 사람, 성경 본문의 의미를 다른 사람들과 나누기 위해서 한층 더 깊은 이해를 추구하는 강론자나 교사, 성경을 심도 있게 탐구하려는 성경 공부 그룹의 봉사자와 그룹원들이 이 책을 신뢰하여 출전으로 활용하기 바란다.

이 책은 1968년에 *The Jerome Biblical Commentary*로 처음 출간되었고, 1990년에 전면 개정된 *The New Jerome Biblical Commentary*에 이어 세 번째 세대로 출간되었다. 오늘 우리가 이 특별한 가톨릭 자료를 다시 한번 선보이게 된 것은 대단한 영광이다. 이번에는 개정판이 아니라 완전히 새롭게 구성하였으므로 우리는 이 책의 표제를 대담하게도 《21세기 제롬 성경 주해*The Jerome Biblical Commentary for the Twenty-First Century*》라고 제안한다.

I. 가톨릭 성경의 쇄신

초판은 로마 가톨릭교회 성경 연구의 중요한 전환점에 등장하였다. 성경은 교리, 전례, 대중 신심, 예술과 문학에 반영되어 교회 생활에서 항상 고유하고 규범적인 역할을 해 왔다. 그러나 종교 개혁 시기에, 로마 가톨릭교회는 대중이 성경을 사용하는 데 다소 방어적인 태도를 취했다. 종교 개혁가들은 부패한 중세 교회를 비판하며, 활기찬 교회를 위한 본래의 영감을 회복하기 위해 성경으로 되돌아갔다. 진정한 그리스도인의 삶을 위한 단 하나의 규범으로 제시된 "오직 성경sola Scriptura"이라는 구호는, 가톨릭 지도자들에게는 교도권에 대한 도전으로 받아들여졌다. 가톨릭 신자들은 교회의 전통과 공식 가르침에서 벗어날 수 있는 성경에 대한 '사적 해석'을 시도하지 말라고 경고받았다.

이런 방어적인 태도는 19세기 말에 이르러 강화되었다. 그 당시 계몽주의의 흐름 속에 나타난 경험주의와 역사적 탐구의 영향력이 커졌고, 그런 경향이 성경 연구에도 적용되었다. 특히 18-19세기 유럽의 일부 학자들은 초월자에 대한 여지를 남겨 놓지 않은 채, 성경을 주로 흥미롭고 영향력 있는 역사적·문화적 유물로 여기는 관점에서 접근했다. 이런 자세로 인해 로마 가톨릭교회의 지도자들은 학문적 성경 연구의 역사적 방법론을 전반적으로 의심했고, 그런 방법이 성경 기록의 종교적이면서도 거룩한 특성에 대한 올바른 이해를 위협한다고 해석했다. 이 의심은 19세기 말과 20세기 초에 절정에 달했다. 가톨릭 성경 연구에 먹구름이 드리웠고, 많은 학자의 연구가 금지되거나 검열을 받았다. 대표적인 예가 1890년 예루살렘에 그 유명한 예루살렘 성서대학을 세운, 프랑스 도미니코회의 마리 조제프 라그랑주Marie-Joseph Lagrange 신부(1855-1938)이다. 그의 깊은 가톨릭 신앙과 교회에 대한 충성심이 결국에는 비판자들을 누그러트렸으나, 라그랑주 신부가 학자로서 추진한 많은 계획은 의심의 눈초리를 받았고, 그와 동료들은 결과적으로 고통을 겪었다.

성서학에 대한 가톨릭의 공식 입장은, 종종 현대 가톨릭 성서학의 대헌장Magna Carta으로 간주되는 1943년 비오 12세의 회칙 〈성령의 영감*Divino Afflante Spiritu*〉으로 극적인 변화를 맞는다. 교황의 고해 사제이자 영적 안내자이며 존경받는 성서학자였던 아우구스틴 베아 추기경(예수회)의 긍정적인 영향 아래, 교황은 역사적 탐구 방법의 적절한 사용을 허용하는 등 가톨릭 성서학의 쇄신을 장려했다. 그리하여 성경에 대한 교회의 인식과 교회 안에서의 성경의 역할에 놀랄 만한 변화의 길을 열었다. 교황의 이 회칙은 성경 연구로 전향하여 세계 유수의 대학에서 교육을 받고 교회 생활에 봉사할 준비가 된, 새로운 세대의 가톨릭 학자들을 고무했다. 또한 〈성령의 영감〉은 제2차 바티칸 공의회(1962-1965)의 개혁으로 나아갈 길을 닦았으며, 공의회의 주요한 헌장인 하느님의 계시에 관한 교의 헌장 곧 〈하느님의 말씀*Dei Verbum*〉에서 성경 연구를 강력히 지지하도록 자극했다. 성경에 대한 관심은 또한 제2차 바티칸 공의회 교령들의 정신과 내용을 특징지었다. (가톨릭교회의 역사에서 큰 주목을 받는 이 시기에 대한 상세한 설명은 이 책의 여러 본문에서 찾을 수 있다. 프랭크 마테라의 "교회 생활에서의 성경The Bible in the Life of the Church", 버나드 맥긴과 수잔 E. 슈라이너의 "성경 말씀대로: 1600년까지의 성경 해석According to the Scriptures: Biblical Interpretation prior to 1600", 도널드 시니어의 "성경 해석: 교회와 근현대 가톨릭의 성경 쇄신Interpreting the Scriptures: The Church and the Modern Catholic Biblical Renewal", 그리

고 로널드 위더럽의 "공관복음 입문Introduction to the Synoptic Gospels" 등)

《제롬 성경 주해*JBC*》 초판은 이와 같은 가톨릭 성경 쇄신에서 직접 거둔 성과였다. 초판은 1968년에 출간되었는데, 공의회 폐막(1965년 가을) 후 얼마 지나지 않아서였다. 최초 편집자들 — 레이먼드 브라운, 조셉 피츠마이어, 롤랜드 머피 — 은, 특히 영어권 국가에서 가톨릭 성경 운동을 주도했던 미국 가톨릭 성서학자들의 '황금 세대' 중에서도 중요한 인물이었다. 그들은 각자 비오 12세의 회칙으로 촉발된 격동의 시기에 성서학자의 삶을 시작했으며, 주요 대학들(존스 홉킨스, 미국 가톨릭대학교, 교황청립 성서대학 등)에서 만반의 준비를 했고, 당연히 숱한 책을 썼으며, 존경받는 성서학자가 되었다.

당시 영어권 국가에서 아마도 가장 존경받는 가톨릭 성서학자였을 술피스회 레이먼드 브라운(1928-1998)은 독창적인 발상을 품고 있었다. 그것은 성경 각 권에 대한 포괄적인 주해와 더불어, 가톨릭의 관점에서 성경 본문의 해석과 역사에 관련된 사안들을 조사하는 여러 주제 글을 통해 가톨릭 성서학의 발전상을 입증하려는 시도였다. 브라운은 많은 저서를 쓴 걸출한 두 학자, 조셉 피츠마이어(1920-2016, 예수회)와 롤랜드 머피(1917-2002, 가르멜회)를 초대하여 편집팀으로 함께 일하였고, 그들은 또 다른 가톨릭 학자들을 모았다. 그리하여 이 작품은 삽시간에 가톨릭 신자들뿐 아니라 폭넓은 그리스도교 독자들에게 권위 있는 자원resource으로 자리매김되었다. 후일 《제롬 성경 주해*JBC*》의 탄생을 되돌아보며, 조셉 피츠마이어는 이 책이 로마 가톨릭을 넘어 폭넓은 독자를 위해 만들어졌음을 시사하기 위해 "The *Jerome*

Biblical Commentary"라고 부르자고 제안했다고 밝혔다. 《제롬 성경 주해*JBC*》의 성공으로 교회 생활을 위한 성경 비평 연구의 가치를 입증했으니 이는 한 세대의 학자들과 교회 지도자들이 애쓴 노력의 결과였다.

II. 교회 생활의 새로운 국면

《제롬 성경 주해*JBC*》 초판이 나온 지 50년이 넘은 지금, 가톨릭교회와 가톨릭 성서학은 새로운 국면을 맞이하고 있다. 2009년, 앞선 두 판의 편집자 가운데 유일한 생존자인 조셉 피츠마이어는 후임자들이 "이 책의 새로운 판을 내기 위한 기획을 시작해야 한다"라며 희망을 표현했다. 바로 그 바람이 여기서 착수된 것이다. 성경을 해석하는 데 역사비평 및 문학적 방법이 타당하다는 인식은 확고히 수용되고 있으며, 계시 헌장 〈하느님의 말씀〉(1965)을 시작으로 교회의 공식 문서들에 일관되게 반영되고 있다. 이는 교황청 성서위원회가 작성한 가톨릭 성경 해석에 대한 주요한 문서를 비롯하여, 가장 최근에는 세계주교대의원회의 이후 나온 교황 베네딕토 16세의 권고 〈주님의 말씀*Verbum Domini*〉(2010)에서 계속된다. 역사비평 연구의 정당성을 둘러싼 이전의 투쟁은 잠잠해졌지만, 성경을 교회의 생활과 사고에 완전히 통합하려는 도전은 계속되고 있다. 예를 들어, 프란치스코 교황은 권고 〈복음의 기쁨*Evangelii Gaudium*〉(2013)에서 사제와 부제들에게 성경의 풍요로움을 사용하여 강론에 활력을 불어넣을 것을 상세히 촉구한다(135-159항 참조). 2013년, 미국 주교회의는 강론에 활력을 불어넣기 위한 성경 연구와 성찰의 필요성을 자세히 설명한 〈신앙의 신비를 전하기: 주일 강론*Preaching the Mystery of Faith: The Sunday Homily*〉라는 지침을 발표했다. 교회의 공식 선언과 가톨릭 신학, 윤리학, 영성 등에서 건전한 성서학은 여전히 활용되고 있다.

한편 성서학에서 기본 방법론의 활용이 인정되면서, 성경 해석에 적절한 방법론의 범위가 확장되었다. 성경 해석은 본래의 역사적 맥락이나 성경 저자의 추정된 의도에만 주목하는 것으로는 충분치 않다. 현대 학문은 저술 당시의 역사적 맥락을 넘어 자체의 생명을 지닌 문학 본문들의 역학과 특성을 좀 더 인식하고 있다. 본문과 독자 사이의 핵심적인 관계를 인식하게 되면서, 해석자가 성경 본문을 읽을 때 함께 끌고 들어오는 사회적·정치적·문화적 상황과 추정에 많은 관심을 기울이게 되었다. 예를 들어, 〈성령의 영감〉 발표 50주년을 기념하는 교황청 성서위원회의 1993년 문헌인 〈교회 안의 성서 해석*The Interpretation of the Bible in the Church*〉은 역사비평 방법을 강력하게 지지하는데, 그리하여 반反역사적이고 이데올로기적이어서 받아들일 수 없는 근본주의 접근법으로 사료되는 것과 날카로운 대조를 이룬다. 그러나 이어서 본문은 역사비평을 넘어서는 정당하고 상호 보완적인 다른 접근법들을 인용한다. 예를 들면, '수사학 분석', '내러티브 분석', '기호학 분석', '정경 접근', 그리고 사회학 · 문화인류학 · 심리학 · 해방주의 · 여성주의 방법론을 이용한 접근법들이다.

성경 해석 방법의 다양성은 전 세계에 걸친 교회 자체의 다양성에 대한 더 분명해진 인식을 반영한다. 공의회가 남반구·북미·유럽에서 교회의 성장을 목격한 이래로 다양한 민족과 인종 공동체의 목소리가 더 커지고 있다. 따라서 더 많은 평신도와 더 많은 여성, 다양한 국적의 사람들과 소수자의 목소리를 더욱 많이 대변하며 가톨릭 성서학자들의 앙상블도 점점 다양해졌다. 이 다양한 저자와 방법론의 사용은 《제롬 성경 주해*JBC*》의 새로운 판인 이 책에서 명확하게 나타나며, 또한 이 책을 펴내는 데 중요한 동기가 되었다. 1990년 판에 포함된 저자가 주로 사제와 수도자였던 반면, 새로운 판의 저자 중 거의 절반은 평신도 여성과 남성이다. 이전 판에는 참여한 저자 가운데 여성이 9명이었지만, 이번 판에는 35명이다. 또한 여러 국제 학자들의 대표를 포함하여, 이번 판 저자들의 민족 배경도 극적으로 확장되었다.

III. 왜 가톨릭 자료인가?

현대 성서학에서 눈에 띄는 특징 중 하나는 교회일치적 성격이 짙다는 점이다. 개신교, 정교회, 가톨릭의 간행물은 가톨릭과 개신교의 신학교, 그리고 신학대학에서 성경 교과의 참고 문헌으로 높이 평가된다. 가톨릭과 개신교는 '성서학회Society of Biblical Literature'와 '신약성경학회Society for New Testament Studies'처럼 교파적으로 중립적이고 전문적인 학회뿐만 아니라, 명시적으로 '미국가톨릭성서협회Catholic Biblical Association of America'라고 고백하는 기관에서도 회원 자격을 공유하고 있다. 개신교와 정교회 학자들은 로마 가톨릭 학자들과 함께 협회에서 공식적인 직위를 맡고, 편집 위원회에서 활동하며, 공식 기관지인 〈계간 가톨릭 성경*The Catholic Biblical Quarterly*〉에 기고한다. 이와 같은 현상은 구약성경과 초기 그리스도교의 유다교적 맥락을 이해하는 데 기여하는 글을 쓰는 유다인 학자들뿐 아니라, 신약성경의 해석 자체를 전문으로 연구하는 유다인 학자들이 증가하고 있다는 사실에서도 볼 수 있다.

그렇지만 우리는, 가톨릭 성서학의 산물로서 이러한 주해 자료를 제공하는 일에 여전히 가치가 있다고 믿는다. 이전 두 판에서 우려했던 바는, 이 선택이 혹여 개신교나 유다교의 성서학에 대한 거부나 의심으로 보이지 않을까 하는 것이었다. 오히려 우리는 가톨릭 안팎의 동료들에게 성경 해석에 대한 가톨릭의 접근법을 특징짓는 고유한 관점들을 제공하고자 한다. 이러한 특성 중 상당 부분이 특히 주류 개신교나 정교회와 공유된다 해도, 가톨릭의 성경 해석은 궁극적으로 가톨릭 신앙 공동체에 책임이 있으며, 가톨릭 전례, 영성 그리고 교회론의 특징적이고 본질적인 역할에 대한 관심을 반영해야 한다. 〈하느님의 말씀*Dei Verbum*〉과 제2차 바티칸 공의회에서 정립된 바에 따르면 성경과 성전은 둘이 함께 유일한 하느님의 말씀이 지니는 진리, 아름다움, 힘을 표현한다. 프란치스코 교황이 특별히 옹호한 '대화의 정신'에 따라, 우리가 제공하는 가톨릭 성서학의 이 집합체는 전 세계 가톨릭 공동체뿐만 아니라, 다른 공동체의 그리스도인 형제자매들에게도 자원으로서 기여한다.

IV. 새로운 제롬 성경 주해의 구성 방식

앞에서 말했듯이, 우리는 이 책도 이전의 책들과 마찬가지로 강론과 사목 그리고 영적 묵상에서 성경이 갖는 의미를 많은 사람에게 전해 주기를 바란다. 또한 독자가 성경의 메시지를 밝히는 데 도움이 되는 역사적 배경을 진지하게 알게 되기를 바란다. 게다가 우리는 신뢰할 수 있는 성경 해석의 다양한 방법과 수단에도 주목한다.

따라서 이 단권의 책 안에, 독자들이 이용할 수 있는 다양한 유형의 자료들을 담았다.

1. 성경 각 권에 대한 주해

제목이 가리키듯이, 이 자료집의 핵심은 정경의 순서에 따라 배열된 성경 각 권에 대한 주해이다(성경의 순서는 각 권이 쓰인 연대순과 항상 같지 않을 수 있다. 예를 들면, 마르코복음은 복음서 중 최초로 쓰였다고 여겨지지만, 정경 안에서는 마태오복음 뒤에 위치한다). 저명한 가톨릭 학자들이 성경 각 권을 소개하고, 본문의 순서에 따라 주해를 제공한다. 최신판의 이러한 주해 형식은 이전 판들과는 다소 다르다. 이번 책의 저자들은 성경의 구절 별로 주해를 달기보다는 성경 각 권에서 일관된 단락들을 하나씩 설명함으로써, 그 의미의 흐름을 이해하도록 도와준다. 성경의 한 절이나 단어 또는 구절이 보다 집중된 주해를 요하면, 저자들은 주저 없이 이에 대해 논한다. 각 주해는 성경 각 권의 내용을 짧게 소개하고 추가 연구를 위해 엄선된 참고 문헌을 제시한다.

2. 성경의 주요 부문에 대한 입문

독자에게 성경 주요 부문의 내용과 특성을 정리하여 알려 주는 입문이 마련되어 있다. 구약성경에는 오경, 역사서, 지혜서, 예언서에 대한 입문이 붙어 있다. 마찬가지로 신약성경에는 공관복음서, 요한계 문헌, 서간들, 나머지 신약성경에 대한 개요가 따로 있다.

3. 주제별 논문

새로운 제롬 성경 주해는 성경 본문은 물론 강론과 사목 현장과 영적 묵상에 열려 있는 동시에, 독자가 현대의 학문적 성과의 최고 수준에 부합하는 성경 주해 방법과 절차를 진지하게 익히기를 바란다. 따라서 이 책의 풍부한 특징 중 하나는, 구체적 쟁점을 다룬 22편의 심도 있는 주제별 논문이다. 각 논문은 독자가 성경 자체에 대한 이해와, 교회 생활 안에서 성경이 수용되고 해석된 역사를 깊이 이해할 수 있는 정보를 제공한다. 주제별 논문 중에서 한 부류는 주로 역사적 경향을 띤다. 즉, 이스라엘의 역사, 유다교의 역사, 역사적 맥락에서 예수의 역사, 초대 교회 출현의 역사와 함께, 구약성경과 신약성경의 고고학에 대해 살펴본다.

또 다른 부류는 수 세기에 걸친 성경 해석의 역사를 다룬다. 먼저 성경의 의미를 탐구하는 다양한 전통적 방법을 추적하는데 초대 교회, 교부 및 중세 시대에 이어, 계몽주의와 종교 개혁의 영향에 대해 다룬다. 또 다른 글들은 종교 개혁에 대한 가톨릭교회의 대응과 근대 역사적 접근 방식의 성경 해석에 대해 교회가 초반에 지녔던 경계심 그리고 20세기 중반 이후에 이루어진 주목할 만한 가톨릭 성경의 쇄신, 특히 제2차 바티칸 공의회의 개혁과 그것이 성경의 해석과 영감의 개념에 끼친 영향을 다룬다.

마지막 부류는, 현대 가톨릭시즘Catholicism과 성경의 관계에서 나타나는 새로운 경향을 다루는 글들이다. 여기에는 여성주의, 문학 및 맥락적 접근과 같은 새로운 방법론의 발전이 포함된다. 다른 글들은 교회 전례, 영성, 그리스도인 삶의 실천에서 성경이 맡는 역할뿐만 아니라, 사회 정의와 윤리 문제, 교회일치 운동과 종교 간 대화에서 성경이 가지는 중요성을 살펴본다. 독자들은 일련의 주제별 논문들을 통해 특별한 자료들을 하나의 표지 안에 모두 모은, 신뢰할 수 있고 접근하기 쉬운, 가톨릭 관점으로 구성된 성경 정보의 '도서관'을 발견할 것이다.

4. 번역

이 책의 저자들이 주로 사용한 성경 번역본은 미국가톨릭주교회의의 후원으로 2010년에 완성된 《새 미국 성경 개정판*New American Bible Revised Edition*, 약어 *NABRE*》이다. 이 번역본은 전례, 교리 교육, 대중 신심에서 로마 가톨릭 신자들이 널리 사용할 뿐만 아니라, 영어 번역의 우수함도 인정받았기 때문에 선택되었다. 모든 번역은 비록 아무리 훌륭하다 하더라도, 현대 영어 용법의 발달에 따라 끊임없이 적응해가는 '진행 중인 작업'이다. 《새 미국 성경*New American Bible*》은 수십 년에 걸쳐 여러 차례 개정되었고, 사실 또 다른 개정 — 특히 전례 맥락에 맞게 사용하기 위한 개정 — 이 진행 중이다. 우리 편집자들은 최종판이 완성되어 이에 필요한 교회의 검토와 승인이 통과될 때까지 기다리는 대신, 현재 판 *NABRE*로 작업을 추진하더라도 작업상 부족함은 거의 없으리라고 판단했다.

번역에 논의의 여지가 있는 구절을 주석할 때, 저자는 히브리어나 그리스어 본문의 의미를 이해하기에 더 적절하다고 생각하는 단어를 선택하여 제안하였다. 종종 이런 토론은, 독자가 성경 구절에서 그 의미의 뉘앙스를 풍부하게 느끼게 한다.

편집자와 출판사는 *NABRE*의 사용을 허가해 준 주교회의에 감사한다.

5. 보조 자료들과 업데이트

마지막으로, 각 주제별 논문과 일부 주석들에는 성경 구절이나 사안을 이해하는 데 도움이 되는 다른 자료를 찾을 수 있도록 상호 참조를 붙일 계획이다.

'제롬 성경 주해'의 역사 최초로, 이 새로운 판은 인쇄와 디지털의 두 가지 방식으로 출간되었다. 표준 인쇄판과 함께, 출판사는 가톨릭 사상 Catholic Thought 디지털 도서관의 일환으로, 온라인 버전을 온전하게 제공한다. 이러한 디지털 방식은 시간이 지나면서 필요해질 참고 문헌들의 업데이트와 주석 및 주제 글의 개정을 제공하는 수단이 될 것이다. 앞으로 수년간 이 특별한 자료의 가치를 확장하고, 가능한 한 많은 맥락에서 광범위하게 사용할 수 있도록 지원할 것이다.

마지막으로, 편집자들은 이 기념비적인 과업을 맡은 블룸즈버리 퍼블리싱Bloomsbury Publishing의 용기와 인내에 감사를 표하고자 한다. 특히 블룸즈버리의 편집장인 도미닉 매토스Dominic Mattos에게 고마움을 전한다. 그는 우리 모두가 이 모험에 참여하도록 설득했고, 이 일이 완성될 때까지 변함없이 인도자가 되어 주었다. 출판 준비가 되었을 때 이 산더미 같은 원고를 무대로 가져오는 대단한 작업을 한 블룸즈버리의 제작 편집자 제시카 앤더슨Jessica Anderson과 그녀의 팀에게도 특별한 감사를 드린다. 그리고 물론, 이 책에 기고하기로 선뜻 동의하고, 놀라울 만큼 충실하게 원고를 제시간에 제출해 준 너그러운 학자들에게도 감사를 전한다. 그들의 탁월한 작품 덕분에 이 책은 하느님의 말씀을 연구하는 데 적합한 자산이 되었다.

또한 산더미 같은 원고의 검토가 필요한 이 가톨릭 학문의 저작에 대한 출판 인가가 신속하게 나오도록 처리해 준 시카고대교구와 교구장, 다니엘 웰터Daniel Welter 부제와 그의 동료들에게도 감사를 전한다. 1968년 최초의 제롬 성경 주해의 창안자이자 공동 편집자인 레이먼드 브라운은, 교도권을 존중하는 표시로 교회의 인가를 얻는 것을 자신이 내는 모든 출판물의 특징으로 삼았다. 우리는 완전히 새로워진 이 제롬 성경 주해에도 그 전통을 이어가는 것이 적절하다고 생각했다.

이 프로젝트는 호르헤 마리오 베르골리오Jorge Mario Bergoglio 추기경이 로마 가톨릭교회의 제266대 교황인 프란치스코 교황Pope Francis으로 선출된 직후에 시작되었다. 그가 교회의 특별한 지도자가 되리라는 것은 처음부터 분명했다. 교황직을 맡은 첫 라틴아메리카인이고, 예수회 출신의 첫 교황이며, 가난한 이를 위한 헌신이라는 명백한 의미를 지닌 '프란치스코'라는 이름을 선택한 첫 번째 사람이기 때문이다. 또한 프란치스코 교황에게서는 성경을 향한 그의 열렬한 사랑이 분명하게 드러난다. 교황의 모든 담론, 모든 강론, 모든 기도가 성경의 언어와 정신에 흠뻑 젖어 있다. 그의 첫 번째 권고 〈복음의 기쁨〉은 성경의 정신으로 가득 차 있고, 사제와 부제들이 성경을 연구하고 사랑하여 강론을 새롭게 하도록 권고하는 데 긴 부분을 할애한다. 프란치스코 교황이 연중 제3주일을, 그리스도인들이 '삶에 하느님의 말씀을 위한 자리를 마련하는' 시간이 되도록 "하느님의 말씀 주일"로 봉헌한 것은 놀라운 일이 아니다.

우리는 이 책을 통해 독자들이 정신과 마음과 삶에 성경을 위한 '자리를 마련'하기를 바란다. 우리는 이 저작을 프란치스코 교황과 그의 말씀 사도직에 바친다. 또 프란치스코 교황의 허락으로, 성경의 아름다움과 힘에 대한 그의 성찰을 이 새로운 《21세기 제롬 성경 주해》의 서문으로 내놓을 수 있어 기쁘고 영광스럽다.

존 콜린스 John J. Collins
지나 헨즈 피아자 Gina Hens Piazza
바바라 레이드 Barbara E. Reid, O.P.
도널드 시니어 Donald Senior, C.P.

처음부터 말씀은 하느님과 함께 계셨으며 하느님께서 낳으신 유일한 아드님이시며, 하느님이셨다고 요한복음 1장이 증언합니다. 성부께서는 말씀이신 성자를 사랑하셨고, 말씀을 통해 세상 만물과 인간을 창조하셨으며, 말씀은 피조물에게 하느님의 사랑을 알려 주셨습니다. 그 사랑의 이야기가 고스란히 담긴 책이 바로 성경입니다.

교회는 성경 말씀으로 마음이 뜨거워져 성령께 의탁하고, 마음에 모신 말씀을 성찬례로 거행하며 성부를 찬양합니다(루카 24,13-32 참조). 말씀을 거행하면서 그리스도인은 동반자 성령께서 늘 함께 계심을 느끼고 부활하신 성자를 통하여 하느님께서 살아 계심을 알며 그 진리와 사랑을 이웃에게 증언합니다.

이 모든 것은 성경을 통해 하느님 말씀을 기억하는 일로 시작합니다. 가장 먼저 할 일은 성경을 들어 펼치고 읽고 이해하는 것입니다. 그러나 성경과 우리 사이에는 시간, 공간, 문화, 언어의 커다란 격차가 존재하며, 이 때문에 성경 본문의 일차적인 뜻을 올바로 알아듣기가 쉽지 않습니다. 그래서 좋은 성경 주해서가 필요한 것입니다.

《제롬 성경 주해》는 제2차 바티칸 공의회 직후 출판된 성경 주해서의 표준이라 할 수 있습니다. 1968년에 처음 출판된 뒤 1990년에 개정 신판이 나왔고 2022년에 전면 개정판이 출간되었는데, 이 최신판을 같은 해 50주년 희년을 맞이한 '가톨릭성서모임'과 2023년 창사 50주년을 맞은 '성서와함께'가 희년 기념 도서로 선정하여 번역·출판하기로 했다는 소식을 듣고 무척 기뻤습니다.

하느님 말씀에 대한 교우들의 열정은 날로 높아 감에도, 성경 전체를 체계적으로 주해한 책이 아직 우리 한국천주교회에서 나오지 못하고 있는 실정이 아쉬운 터였는데, 이렇게 좋은 성경 주해서의 번역판이 나오는 것은 참으로 환영할 일입니다.

이 책은 성경을 통독하고 공부하고 강론을 준비하는 분들에게 최적의 성경 주해서가 될 것입니다. 많은 분이 성경 본문을 합당하게 이해하여 지금 여기 살아 계신 하느님을 뵙고 증언하기를 기도합니다.

한국천주교주교회의 성서위원장
신호철 주교

성경 주해는 성경 본문이 쓰이던 시대에 이미 시작되었다. 이스라엘의 예언자들은 자주 모세의 율법을 들어 백성을 깨우치려 노력하였다. 예수님도 구약성경의 풍부한 구절들을 예로 들어 가르쳐 주셨고, 바리사이파 등의 한계와 오류를 바로잡아 주셨다. 이렇게 성경 본문을 다른 본문과 대조하고 인간의 이성과 지혜에 빗대어 깊이 탐구하는 유구한 전승은 하느님 백성의 시작부터 있었다.

《제롬 성경 주해》는 성경의 이해를 돕는 근대적이고 독보적인 참고서라고 할 수 있다. 이 주해서는 가톨릭교회의 성경 해석 전통을 이으며, 그리스도인 전체와 성경에 관심을 두는 모든 인류를 향해 열려 있다. 이 주해서의 성경 해석에는 방법론적 제약이 없다. 신앙과 이성과 자유는 하느님이 주신 큰 선물이기에 성경을 해석하는 도구로서 충분히 사용되어야 한다는 믿음 때문이다. 이는 제2차 바티칸 공의회의 가르침과 일치하는 것이기도 하다.

《21세기 제롬 성경 주해》는 여러모로 성경 그 자체를 닮았다. 우선 서로 관점과 개성이 뚜렷한 책들의 모음집이라는 점이 그러하다. 하느님 백성의 선포, 묵상, 창의적 설교, 공부 등에 실질적인 도움을 주되, 지나치게 주관적인 내면에 갇혀 버리는 일부의 그릇된 태도와 거리를 둔다는 점도 그렇다. 최신의 학문적 성과를 반영하되 건조한 학술적 개념어의 나열을 지양하고, 오직 하느님의 말씀이 지닌 진리와 아름다움과 힘을 하느님 백성에게 드러내려는 영성으로 충만하다는 점도 그렇다.

이 주해서의 번역이 한국의 신학을 한 단계 도약시킬 계기가 되길 소망한다. 제2차 바티칸 공의회와 함께 시작하여 1968년에 세상에 선을 보인 《제롬 성경 주해*JBC*》와 전면 개정판인 1990년의 《새 제롬 성경 주해*NJBC*》는 아쉽게도 우리말로 번역되지 못하였다. 하지만 21세기를 맞아 완전히 새로운 기획과 구성에 기반한 2022년의 《21세기를 위한 제롬 성경 주해*Jerome21C: The Jerome Biblical Commentary for the Twenty-First Century*》는 다행히 온전히 한국어로 번역할 수 있어 기쁘다. 또한 최초로 교황님의 서문이 실려 권위를 더한 **이 책을 세계에서 가장 빨리 번역·출판한다는 사실은 더욱 뜻깊다.** 남녀 평신도, 수도자, 사제가 한 마음으로 협력하여 번역하는 것은 시노달리타스의 시대에 적절한 일이며 이 주해서의 기본 성격과도 일치한다. 한국어 번역본을 낱권으로 나누어 내기로 한 것은 '늘 가까이 두고vade mecum' 참고할 수 있게 하려는 이 주해서 본래의 목적을 한국적 상황에 충실하게 실현하려는 의도 때문이다.

주교회의 성서위원회 등 교회 안팎에서 너그러운 마음으로 협조해 주신 많은 분 덕분에 이 거대한 사업을 진행할 수 있다. 바쁘신 중에도 적극적으로 참여해 주시는 모든 역자에게 깊은 감사의 말씀을 드린다. 특히 한국 출판 현실에서도 수도회 성서사도직의 희년을 기념하며 큰 용기와 결단을 내려

주신 '영원한 도움의 성모 수도회'와 '성서와함께' 출판 일꾼들, 그리고 이들을 받쳐 주시는 '가톨릭성서모임' 말씀의 봉사자들이 없었더라면 이 사업을 실행에 옮길 수 없었을 것이다. 이 모든 일을 이끌어 주시는 성경의 하느님께 가장 큰 감사의 말씀을 올린다.

21세기 제롬 성경 주해 번역 · 출판 위원장
주원준 토마스 아퀴나스

일러두기

1. 원서에서 주로 사용하는 번역본은 《새 미국 성경 개정판*NABRE*》인데, 이 책에서는 의미의 차이가 크지 않은 한 한국 천주교회 공용 번역본인 《성경》(2005)으로 옮긴다. 의미가 다른 경우는 원문을 옮긴 뒤 그 차이를 '역자주'로 밝히며, 다른 번역본을 사용한 경우는 그대로 옮긴다. 단, "주", "주님" 또는 하느님으로 옮겨진 히브리어 "야훼"는 주해서의 성격상 그대로 "야훼"로 옮긴다.

2. 성경 각 권의 순서와 약어, 성경 구절의 줄임 표기는 모두 한국 천주교회 공용 번역본의 사용 예를 따른다. 보기) 창세 1,1-2,4ㄱ: 창세기 1장 1절부터 2장 4절 전반부까지

3. 우리말 표기는 정부의 어문 규정인 '한글 맞춤법', '표준어 규정', '외래어 표기법'을 따른다. 단, 성경과 교회, 신학 관련 용어는 한국 천주교회 《성경》과 《주석 성경》의 표기를 우선으로 하되 《가톨릭 교회 교리서》 등과 관용 표현을 참고한다. 단, 인명, 지명, 신명 등은 한국고대근동학회(KANES)의 표기를 따르기에 《성경》과 다를 수 있다.

4. 교부들은 《교부학 인명 지명 용례집》을 따르고, 그 밖의 교회 인물은 《천주교 용어집》(2017 개정 증보판)을 따른다. 교회 문헌은 처음 나올 경우 한글과 원어를 병기한다.

5. 인용된 외국어 중에서 성경 원어인 히브리어와 그리스어 그리고 고대근동어는 알파벳으로 음역하여 이탤릭체(사체)로 표기한다.

6. 본문의 내용 중 참고 문헌과 출처, 역자가 붙인 용어 설명은 미주를 사용하여 넣는다.

차례

성경의 문학비평

성경과 정의

캐롤 J. 뎀프시 O.P. 지음

1. 입문

21세기가 20년이 넘게 지난 시점에, 지구상의 모든 공동체는 어떤 방식으로든지, 독재나 권위주의 정권의 영향력, 민주주의가 탄압받거나 속박당하는 상황, 기후 위기나 자원 고갈만이 아니라 국민을 생존의 벼랑으로 내모는 강압적 정권 때문에 안전을 찾아 본국을 떠날 수밖에 없는 강제 이주를 경험하고 있다. 지구촌 곳곳에서 인종주의, 성차별, 민족중심주의, 젠더와 성적 지향에 의한 차별, 계급주의, 노인 차별, 외국인 혐오, 군국주의, 그 밖에 온갖 구조적·체제적 억압에 반대하여 거리로 나서고 있다. 매일 곳곳에서 인간 또는 인간이 아닌 생명체들이 거래의 대상이 되어 신체 일부나 장기가 적출되고, 매매되고, 이윤이나 쾌락, 개인 이득을 위해 불법 밀거래 시장으로 팔려 나가고 있다. 부당한 노동법 때문에, 여성과 아동들은 불충분한 임금을 받으면서 열악한 작업 환경에서 장시간 노동하며, 경제적으로 속박되고 '빈곤층' 계급으로 분류된 채 방치되어 있다. 패권 세력에 의해 인간과 인간이 아닌 생명체가 억압당하는 상황에서 정의를 향한 외침이 터져 나오고 있다. 범세계적으로 확산된 감염병이 무차별적으로 지구촌을 강타한 2020년, 조지 플로이드George Floyd라는 미국 흑인 남성이 체포되는 과정에서, 경찰관에게 목을 강하게 짓눌렸고, 이 권력 남용으로 목숨을 잃는 일이 발생하였다. 지구촌 곳곳에서 변두리의 존재들이 폭력에 침묵하지 않고 일어섰다. 세계는 이제 새로운 현실, 새로운 소명, 정의가 실현되어야 할 새로운 '기후 변화'에 눈을 뜨며 전율하고 있다.

세계화가 이루어진 21세기 세상에서 성경은 여전히 가장 많이 읽히는 책이고, 정의는 성경의 중심 주제들 가운데 하나이다. 성경의 광범위한 독자층과 성경의 주제인 정의는 다음과 같은 질문들을 제기한다. 문화는 성경의 형성 과정에 어떤 역할을 하였는가? 문화는 우리가 오늘날 성경 본문을 읽고, 해석하고, 사용하는 방식에 어떤 영향을 미치는가? 오늘날 서로 다른 문화권에서는 성경을 어떻게 다른 방식으로 읽는가? 우리가 성경과 성경에 담긴 내용을 읽는 방식은 오늘날 문화와 문화적 태도를 어떻게 지속적으로 형성하고, 뚜렷이 새기고, 거듭 새기는가? 의미는 어떻게 구성되고 누가 구성하는가? 의미는 어떤 렌즈를 통해 해석되고, 누구의 의미가 '올바르고' '타당한' 것으로 여겨지는가? 독자들은 성경을 통해 정의에 대해 무엇을 배우는가? 현재의 세계화된 세상의 맥락에서 성경 본문을 읽을 때에 전면으로 드러나는 불의와 억압은 어떤 면모를 지니고 있는가? 권력을 가진 자와 가지지 못한 자는 누구인가? 누가 발언권을 지니고, 누가 침묵하며, 누가 지워지는가? 우리는 본문을 변방인의 관점으로, 변방인과 함께 읽고 있는가, 아니면 특권을 누리는 자리에서 읽고 있는가? 정의의 관점에서 성경을 읽는 것이 오늘날 세상에 필요한 정의를 위한 활동을 하도록 어떻게 우리를 이끄는가? 이러한 질문들은 정의와 성경에 관한 주제를 다루는 이 글의 중요한 길잡이가 될 것이다.

이 글의 첫 번째 부분은 성경을 문화 및 정의라는 주제와 연관하여 살펴볼 것이다. 두 번째 부분은 정의를 중심 주제로 삼기 위해 독자들이 통상적으로 성경을 어떻게 읽어 왔는지에 대해 논의할 것이다. 세 번째 부분은 21세기 세계화된 사회 속에서 정의를 부각하기 위해 성경을 읽고 해석하는 새로운 방식들을 서술해 볼 것이다. 네 번째 부분은 정의를 알기 위해 선별된 본문들을 어떻게 읽고 해석할 수 있을지 보여 줄 것이다. 다섯 번째 부분은 '정의의 하느님'이라는 성경의 묘사에 대하여 탈식민지적으로 접근해 볼 것이다. 결론에서는 성경의 독자들과 해석자들이 본문을 다양한 방식으로 듣고, 여러 가지 렌즈를 통해 해석하며, 비판적으로 접근할 것을 제안할 것이다. 또한 성경을 사유화私有化하고, 개인에게 맞추거나 감상적으로 대하는 태도에서 벗어나도록 함으로써, 정의를 이루기 위한 새로운 방향성을 모색할 것이다. 이때 가장 유용한 렌즈 가운데 하나는 문화비평cultural criticism이다. 이는 "성경이 읽히고, 논쟁의 대상이 되고, 사회적·정치적·경제적·종교적 정책 및 관습들을 위한 권위 있는 전거로 사용되었던 모든 시대나 장소에서, 연구자들이 성경의 의미를 탐구할 수 있도록" 해 준다(Scholz, *Introducing the Women's Hebrew Bible*, 83). 성경의 독자들과 해석자들은 사람들의 마음과 정신과 지성을 식민화하기 위한 '권위 있는' 도구로 너무도 빈번하게 이 책을 무비판적으로 사용하면서도,

그것들을 체제의 불의를 조장하고 지지하는 사고 구조와 사고 체계 안에 방치해 두곤 하였다.

2. 성경, 문화, 정의

성경은 서로 다른 정치적·사회적·경제적·신학적 관점과 세계관에 의해 형성된 사회정치적·문화적·신학적 문서이다. 문화적 문서로서 성경은 문화적 과정을 거쳐 생겨났다. 문화는 성경에 내재되고, 성경은 문화에 내재된다. 오늘날 성서학자들은 성경이 중상위층의 남성 청중과 독자를 위해 남성들에 의해서 집필되고 편집되었다는 생각을 널리 공유하고 있다.

성경에서 발견되는 이미지, 상징, 언어, 비유metaphor들은 문화에서 비롯된 것이다. 그러나 이러한 표현들은 대개 위계적, 가부장적, 헤게모니적, 군국주의적, 민족중심주의적, 젠더 편향적, 인종차별적, 국가주의적, 이성애 규범적 문화에 의해 지탱되는 경우가 많다. 따라서 에스테르 푹스Esther Fuchs가 명료하게 말하듯, 성경이 "단순히 남성들에 의해 집필되었고, 전달되었고, 정경으로 규정되었을 뿐 아니라, … 가부장적 이데올로기도 옹호하고 촉진한다"(Fuchs, 16). 더욱이 여성주의적 접근은 "성경을 그저 남성중심적 문화의 산물로만 보는 것이 아니라, 여성을 신처럼 대하고, 지도자의 가능성도 지닌 동등한 존재로 보던 기존의 문화를 파괴하고 대체하면서, 남성중심적 문화를 적극적으로 형성했던 텍스트 가운데 하나로 본다"(Fuchs, 16). 그렇다면 성경은 문화의 텍스트인 것이다.

성경은 문화의 텍스트일 뿐만 아니라 문화 안의 텍스트이기도 하기에, 다양한 사회적 여건 속에 놓인 세계 곳곳의 사람들은 성경 본문을 다른 방식으로 들을 것이다. 서로 다른 신앙을 지니거나, 다른 교파 및 전통에 속하거나, 신앙이 없는 사람들도 각기 다른 방식으로 성경 본문을 듣는다. 성경 안에서도, 상호텍스트성intertextuality은 서로 다른 성경 본문들이 다양한 방식과 목적에 따라 해석될 수 있음을 두드러지게 보여 준다. 오늘날의 세계화된 세상에서는 성경 본문을 읽는 새로운 접근법들이 등장하여, 19세기 역사비평적 성경 해석이 자부하던 '객관성'이라는 주장에 도전장을 내밀고 있다. 이 접근법은 저자, 저술 연대, 저자의 의도 등을 통해 '본문의 의미'를 규정하고, 본문 너머의 세계와 그 세계의 역사를 밝히는 데 초점을 맞춰 왔다. 하지만 모든 해석은 하나의 해석일 뿐이며, 어떤 해석도 '객관적'일 수는 없다. 이는 해석하는 이들도 본문의 독자 및 해석자로서 자신들이 가진 문화적 편견과 배경을 본문 읽기와 해석 과정에 반영하기 때문이다. 어떤 독자는 아브람-사라이-하가르의 이야기를 이제 아들을 얻게 되는 아브람을 위한 축복의 사건으로 읽겠지만, 또 다른 독자는 남성 후계자를 생산해야 하는 의무를 지닌 아브람의 접근을 그저 받아들일 수밖에 없는 여종 하가르에 대한 성폭력 이야기로 읽을 수도 있다. 아브람의 혼혈 장자로서 하층 계급인 이집트 여종에게 수태되고 태어난 이스마엘은 신적 계약의 수혜자이자 약속의 땅의 상속자가 되기에 충분하지 못한 이로 드러났다. 해방주의 신학자들과 같은 또 다른 독자들은 이집트 탈출 이야기를 하느님이 가난하고 고통받는 이를 우선적으로 선택하는 이야기로 볼 것이다. 하지만 토착 민족들은 한 민족을 해방하고 다른 민족을 박탈하는 신에 관한 이야기로, 또는 이스라엘의 가나안 정복을 상술하는 여호수아기에 나오는 '약속의 땅'으로 진격하기 위한 발판을 마련하는 이야기로 볼 것이다. 독자가 본문에 의미를 부여하는 것이지, 본문 자체가 고유한 의미를 가지는 것이 아니다. 각기 다른 사회적 위치에 있는 독자들은 다양한 해석학적 렌즈를 사용하거나 사용하지 않으면서 본문을 다양한 방식으로 듣는다. 이러한 해석의 다양성은 성경이 불러일으키는 여러 가지 이해와 의미 형성 및 대화의 풍성함을 더해 준다.

문화는 성경 본문 해석에 영향을 미친다. 따라서 문화와 성경, 성경과 문화 사이에 상호적 대화가 존재한다. 오늘날 우리는 복음주의적 근본주의의 증가와 세속주의의 확산이라는 두 흐름이 공존하는 세상에 살고 있다. 이러한 현실 속에서 성경은 여전히 강력한 영향력을 가진 문서로, 특히 성경을 문자 그대로 받아들이고 종교적으로 따르는 이들이나, 종교적 전통이 전무하고 종교 기관들과 떨어져 살아가는 사람들에게까지 그 영향력을 미친다(Scholz, 21). 여러 가지 신앙 전통이나 교파의 맥락에서 때로 어떤 이들은 성경을 문자적으로 '하느님 말씀'인 듯이 읽고 해석한다. 가톨릭 신약학자인 산드라 슈나이더스Sandra Schneiders는 '하느님 말씀'은 그 무엇보다도 먼저 언어적 표현이자 비유이며, 성경이나 성경의 신적 담화들을 문자적으로 해석해서는 안 된다고 주장한다(Schneiders, *Revelatory Text*, 27-63). 독자들은 종종 자신들의 다양한 신앙 전통이나 믿음 체계의 렌즈를 통해 성경을 읽고 해석하며, 성경이 다양한 문화에서 사회화된 남성 저자들에 의해 형성된 문화의 산물이라는 것을 인식하지 못한 채, 문화적·종교적 편견을 그대로 반영하곤 한다. 랜달 베일리Randall C. Bailey는 "성경의 영감을 신앙 조항으로 보는 교의는 18-19세기 성경의 비판적 연구에 대한 반응으로서 발전된 근대적 개념"이라고 짚어 낸다(Bailey, 11). 특정 전통을 고수하는 몇몇 공동체에게 영감, 계시, 성경 무오설, 교황 무류설, 권위, 규범성 등의 문제는 그들이 성경을 듣고 사용하는 데에 가장 중요한 개념으로 남아 있다. 다양한 신앙 전통이 성경 본문을 해석하는 방식과 여러 가지 독법과 해석들 가운데서 무엇이 우선권을 지니는가에 대한 문제들은, 오늘날 우리가 경험하는 억압의 형태로 이어지기도 한다.

요약하면 오늘날 우리 앞에 놓인 본문들은 문화 안에 놓여 있으며, 이러한 문화적 태도와 사고방식은 계속하여 오늘의 현실을 창조해 내고 성경 본문을 듣고 해석하는 데에 영향을 준다. 다양한 본문을 어떻게 듣고 해석하는가 하는 방식은 오늘날 우리가 사는 세계에서 생명을 위한 정의의 비전을 줄 수도 있지만, 다른 한편으로 억압적이고 불의한 태도, 사고방식, 행동 및 관습을 보존하고, 각인하며 강화할 수도 있다. 이러한 것들은 종종 비판받지 않은 채 성경의 일부를 이루고 있고, 성경은 '거룩한 책'이기 때문에, 다양한 신앙 전통에서 온 이들이나 또는 신앙이 없는 이들이 성경을 읽고, 공부하고, 성경으로 기도를 하거나 성경을 영적인 양식으로 사용할 때, 이들 억압적 요소들이 사람들의 상상, 생각, 그리고 삶에 거듭 새겨진다. 이로 인해 이미 여러 문화에 내재된 똑같은 억압과 불의의 요소들이 승인되거나 정당화되기도 한다. 예를 들어 만약 성경 속의 지도자들이 구약성경의 하느님처럼 권위를 지닌 사령관들이었다면, 오늘날의 지도자들도 그러한 덕목을 수용하고 뒤따라야 한다는 인식이 생길 수 있다. 만약 사람들이 보수적 복음주의 가톨릭 그리스도인들이 생각하는 예수상을 받아들이고, 스스로를 그러한 예수의 제자들이라고 여긴다면, 이들은 결코 자신들을 성령의 힘을 받아서 해방을 위한 정의와 모두의 변화를 위해 일하는 지도자로 여길 수는 없을 것이다. 그러므로 문화와 정의는 성경 안에서 교차하면서 독자들이 본문의 '결을 따라with the grain' 읽어가는 가운데 성경이 제시하는 정의의 비전이 무엇인지 발견하도록 초대한다. 하지만 더욱 중요한 것은 독자들이 '결을 거슬러against the grain' 읽어가는 가운데 성경 본문이 정의를 위하여 필요한 일이 무엇인지 가리키면서, 삶의 본문과 어떻게 교차하는지를 보도록 초대한다는 것이다.

로버트 슈라이터Robert Schreiter는 "성경은 그 자체로서 수 세기 동안 유대인과 그리스도인의 문화를 형성하는 데에 심오한 영향을 끼쳤으며, 이들 공동체 내부와 좀 더 넓은 사회 모두에서 특히 이들 가운데 한 집단이 인구의 다수를 차지하는 경우에 더욱 그러하였다"(Schreiter, xlvii)라고 말한다. 또한 성경은 독자들이 '본문과 함께' 읽을 경우에 정의가 어떻게 이해되는가에 대해 지대한 영향을 주기도 한다.

3. 정의를 위하여 '본문과 함께' 읽기

성경을 읽고 이해하는 한 가지 방식은 '본문과 함께' 읽는 것이다. 어떤 독자들과 해석자들은 저자의 의도를 최우선으로 여기며, 모든 것을 저자의 관점에서 바라본다. '본문과 함께' 읽는 것은 저자의 주요 관점과 논지를 지지한다. 19세기 이후로, 성서학자들은 역사비평적 접근을 성경 본문을 소화하는 중심 접근법으로 삼아 왔다. 이 접근법은 해석자 자신이 처한 사회적 상황이나 그들의 해석 및 편견들을 고려하지 않는다. 이로 인해 독자와 본문 사이에 단절이 생길 수 있으며 현대의 세계화된 세상의 관점에서 성경을 읽는 데 부정적 영향을 줄 수도 있다. 학자들은 오늘날에도 이러한 '객관적이고, 가치중립적'인 방법론을 사용함으로써 본문에 특권을 부여하고 본문을 과거에 고정시킨다. 이러한 해석은 본문을 형성하고 그 안에 내포된 젠더[01]나 성적 지향성에 대한 차별, 헤게모니, 여성혐오주의, 인종주의, 계급주의, 장애인 차별, 가부장주의, 카이리아키kyriarchy,[02] 외국인 혐오, 동성애 혐오, 민족중심주의, 남성중심주의, 그리고 인간중심주의 등의 문화적 태도나 사고방식을 드러내지 못한다. 본문들을 무비판적으로 읽거나 문자적으로 받아들이면 특정한 문화적·사회적·종교적·정치적 태도들이 독자들 내면에 다시 새겨지고, 독자들은 그 본문들을 오늘날의 세계 현실을 구성하는 데에 사용한다. 성경의 많은 내러티브나 시詩로부터 정의라는 주제를 추출해 내고자 하는 이들이 자주 선택하는 방식은 '본문과 함께' 읽는 것인데, 이렇게 읽음으로써 정의를 이해하는 데에 풍성한 수확을 거둘 수 있다. 성경에서 정의에 대한 이해를 추론하기에 앞서 '정의justice'와 '의로움righteousness'이라는 단어를 좀 더 자세히 들여다볼 필요가 있다.

3.1. 히브리 성경과 오경에 나오는 정의: 개관

구약성경에서 정의를 가리키는 흔한 용어는 미쉬파트mishpat(정의)와 체다카tsedaqah(의로움)이다. 미쉬파트는 정의로운 행위 또는 심판/판결의 시행 등의 맥락에서 400번 이상 나오는데, 특히 이스라엘의 사회·경제적 상황에 대한 평가와 비판(이사 1,11-17; 예레 22,3.15-16; 아모 5,21-24; 미카 6,6-8)과 관련해서 쓰인다. 좀 더 명확하게 미쉬파트는 "태도나 성향을 전달하는 경우가 많다"(Donahue, 11). 이 단어의 의미론적 범위는 정당함과 올바름의 개념을 포함한다. 체다카는 관계성과 덕성이라는 요소와 정의의 실천을 함축한다. 따라서 체다카는 "결정이나 태도가 지니는 영향력을 나타내고"(Donahue, 11) "올바른 관계"가 무엇인지에 대한 이해에 토대를 두면서, 그러한 이해에서 근거를 찾는다.

이스라엘에게 정의와 의로움은 하느님의 주요한 속성이다. 하느님의 특성은 자주 '정의로우신' 분으로 규정된다(2역대 12,6; 느헤 9,8; 시편 7,9; 103,17; 116,5; 이사 30,18; 예레 9,23). 하느님은 정의를 추구하고 사랑하시는 분(이사 61; 시편 11,7; 33,5; 37,28; 99,4)이며 그분의 길은 모두 "올바르다"(신명 32,4). 성경 내러티브와 시가에서 하느님에 대해 묘사한 곳을 보면 그분은 심판자이자 정의의 수호자로 제시된다. 의로운 심판자이신 하느님(시편 7,12; 9,8; 119,137; 145,17)은 타인에게 해를 끼치고 불의를 저지르는 자들을 벌하심(시편 94,2-4)으로써 응보적 정의를 실행하신다. 때로 하느님은 인간성에 반하는, 민족들의 역겨운 범죄를 심판하기 위하여 그들을 소집하신다(시편 9,7-9). 혹은 자신이 사회적, 정치적, 경제적으로 부당한 취급을 받았다고 여기는 이들이 불의를 저지른 이들을 심판해 달라고 하느님께 부르짖기도 한다. 그들은 하느님이 정의로써 행동하시어 자신들을 적들과 압제자들에게 구하시고(시편 7,6-11), 그들의 적들에게 갚아 주시어 자신들의 결백함을 인정해 주시기를(시편 17,2; 26,1-3; 28,3-4) 바란다. 그들은 악인들은 자신들의 사악함에 따라 되갚음 받고, 의인들은 그들의 결백함에 따라 보상받기를 바란다(시편 94,1-3). 하느님은 의로운 심판자이기에, 그분이 선포하고 실행하시는 정의는 항상 공정하고 공평하다고 간주된다(시편 7,12; 9,9; 119,137; 145,17). 그분의 정의는 억눌린 이들이 잃어버린 권리를 되찾아 주고(시편 76,10), 불평등을 없애며(시편 113,4-9), 어느 계층이든 모든 사람의 권리가 존중받고 유지되는 공동체 형성을 목적으로 한다.

정의가 하느님의 속성인 것에 더하여, 의로움은 하느님의 본성을 규정한다(시편 11,7). 시편 4편에서 하느님은 "제 의로움을 지켜 주시는 하느님"이시며, 정의와 공정을 사랑하시고(시편 33,4-5) 구원하실 힘을 지니신(시편 72,1; 33,20) '의로우신 분'(이사 24,16; 예레 12,1; 스바 3,5)이시다. 자손의 자손에까지 가서 닿는 하느님의 의로움은 '영원에서 영원까지' 머무시는 하느님의 '자애'와 나란히 선다(시편 103,17). 하느님의 의로움은 영원하며(시편 119,142) 그 의로움으로써 하느님은 모든 피조물을 보살펴 주신다(시편 96,11-13).

정의와 의로움은 이스라엘 임금들의 특성이기도 하다. 왕권 사상에 의하면, 임금은 인간과 하느님의 정의를 구현하는 존재다. 임금은 그 누구보다도 가난한 이들과 권리를 빼앗긴 이들을 보살펴야 한다. 사회에서 가장 높은 위치에 있는 사람이 그 사회 체계에서 가장 낮은 위치에 있는 이를 위하여 정의를 펼쳐야 했다. 하느님의 지혜의 영이 임금 안에 머물러 그들이 올바르게 판단할 수 있게 해 준다고 보았다(1열왕 3,12; 잠언 16,10). 이렇듯 그들 안에 머무는 하느님의 영 때문에, 그들은 하느님의 정의에 참여하는 존재로 기대되었고, 그 정의는 그들 통치에 반영되어야 했다. 시편 72,1-4에서는, 하느님께서 당신의 공정을 임금에게, 당신의 정의를 왕자에게 주시기를 바라는 기도가 읊어진다. 다윗은 백성 모두를 위하여 정의와 의로움을 실천하였다고 전해진다(2사무 8,15). 다윗의 아들인 솔로몬은 "진실하고 의롭고 올곧은 마음으로 걸었다"(1열왕 3,6). 그는 정의롭고 지혜로운 임금의 전형이다(시편 72,1-4ㄱ). 의로움을 저버리는 임금은 예언자에게 비난을 받는다. 예레미야 예언자는 "불행하여라, 불의로 제 집을 짓는 자!"라고 여호야킴 임금을 힐책한다(예레 22,13). 정의는 새로운 유형의 메시아 임금을 다룬 본문의 핵심 주제이다(이사 9,6; 11,4-5; 32,1).

재판관과 현인도 공동체 안에서 정의가 살아 숨 쉬도록 하는 역할을 맡고 있었다. 심판을 내려야 하는 위치에 있는 이들에게는 하느님과 같이 행동하고, 그분처럼 공평한 정의를 펼칠 것이 요구된다(탈출 18,21-23; 신명 1,16-17). 판관들은 의로움을 추구해야 한다(신명 16,20). 그러나 법정에서는 재판관들이 편파적으로 행동하거나 부유한 편이 건네는 뇌물을 받음으로써, 사회적 불의가 횡행하는 경우가 많았다. 현인들은 스스로를 의롭다고 여겼고 하느님이 의로운 이를 돌보신다고 믿었다(시편 32,11; 33,1; 34,16; 이사 42,1-4 참조). 하느님은 의인들의 길을 아시고(시편 1,6) 의인은 성전에 들어갈 수 있었다(시편 15,1).

이스라엘 사회에서 정의와 의로움을 실천하도록 부름받은 이는 임금, 재판관, 현인만이 아니다. 모든 사람이 자신의 삶에서 이 덕목을 실천하도록 부름받았다(잠언 2,7-9). 이스라엘 공동체 전체는 주변으로 밀려난 이들을 위해 정의를 실천해야 한다(탈출 23,1-9; 욥 13,18; 19,7). 하느님이나 이웃과 '정의롭고' '올바른 관계에' 있다고 여겨지기를 바라는 이는 공동체에서 권리가 박탈당한 이들을 특별하게 살펴야 하고 그들을 대변하여 정의를 위해 일해야 한다(욥 4,3-4; 29,12-16; 31,16-19; 잠언 31,9). 시편과 예언서에서 하느님은 가난한 이, 과부, 고아, 그리고 억압받는 이들에게 특별히 마음을 쓰는 분이시다(시편 10,17-18; 82,1-8). 따라서 가난한 이들은 시장에서 자신들의 생산물을 판매할 때에 공정한 거래를 하고 정당한 가격을 받을 것을 기대한다.

진실을 말하고, 이웃에게 해를 끼치지 않으며, 하느님을 사랑하고, 빌려준 돈에 이자를 받지 않으며, 부당한 일을 하지 않는 이는 정의와 의로움을 실천하는 사람이다(에제 18,5). 정의롭고 의로운 이는 우상숭배와 악을 피하고, 가난한 이를 올바르게 대하며, 하느님의 길과 법규에 따라 살아간다. 이러한 사람은 바로 생명을 누릴 사람이다(에제 18,9). 뿐만 아니라, 정의와 의로움을 삶의 방식으로 품고 살아가는 이들은 상황이 어려워져 이러한 덕목이 시험당할 때에 고통을 겪는다(시편 11,3). 이들은 종종 적대자의 반감에 직면하고(시편 31,19; 37,12.32) 자신의 성실함 때문에 시련을 겪게 된다(시편 34,20). 정의와 의로움을 실천하는 이는 결국 그가 옳았음이 판명될 것이다. 이스라엘의 법은 무고하고 의로운 이에게 해를 끼치는 사람을 하느님께서 결코 정당하게 보지 않으신다는 것을 분명하게 밝힌다(탈출 23,7; 신명 25,1). 마지막으로, 이스라엘과 계약을 맺으시는 하느님은 정의를 계약의 조건으로 삼으신다(예레 9,23; 호세 2,21). 정의를 실천하는 것은 이스라엘의 계약을 자신의 정체성으로 삼는 길이다. 계약은 사회 구성원 서로와 하느님을 이어 준다.

오경에는 법전 자료로 알려진 본문들이 계약을 지켜 준다. 그렇지만 오경, 그리고 율법에 대한 이스라엘의 이해가 결코 법전 자료로 축소될 수는 없다. 하지만 성경의 법전은 이스라엘 공동체가 정의를 어떻게 실천해야 하는지 상세하게 제시한다. 이 법전들은 십계명(탈출 20,1-17; 참조 신명 5,1-21), 계약 법전(탈출 20,22-23,33), 탈출 34장에 나타나는 계약 갱신에 대한 종교 의례적 명령, 성결 법전(레위 17-26장), 신명기 법전(신명 12-26장)으로 구성되어 있다. 가난한 이, 과부, 고아, 그리고 이방인에 대한 돌봄이 법전 자료의 주요한 요소이다(탈출 22,20-26; 신명 10,17-19; 24,17-22; 참조 26,13; 27,19). 정의에 투철하신 하느님의 모습은 다음의 명령에 담겨 있다. "너희는 이방인을 억압하거나 학대해서는 안 된다. 너희도 이집트 땅에서 이방인이었다. 너희는 어떤 과부나 고아도 억눌러서는 안 된다. 너희가 그들을 억눌러 그들이 나에게 부르짖으면, 나는 그 부르짖음을 들어줄 것이다"(탈출 22,20-22). 여기 언급된 집단은 사회에서 가장 쉽게 무시당하고 착취당하는 이들이고, 자신들을 부당하게 대하는 이들에게 제대로 대응할 수 없는 이들이다. 이들은 가장 취약하고, 구조적 차별을 겪었다. 이들은 토지 소유권이나, 가정, 상속 등을 보호해 주던 사회체제 밖에 버려졌기 때문이다. 때때로 '짓밟힌 이들'이라고도 불리는 '가난한 이들'은 변두리에서 사회적·경제적 박탈을 겪고, 힘 있는 자와 부유한 자들의 손에서 불의를 겪어야 하는 이들이다(이사 10,2). 가난한 이들은 부유한 자와 힘 있는 자들의 길을 따르지 않기에 정의로운 이들이다. 임금은 물론이고 모든 사람이 가난한 이와 소외된 이들을 위한 정의를 추구하고 그들과 연대해야 할 의무를 지닌다. 그러므로 이스라엘 법에서 가난한 이들과 하층민들은 정의로 인해 가장 큰 혜택을 본다.

마지막으로 이스라엘 법에서는 인간뿐만 아니라 인간 이외의 생명체도 정의의 대상이 된다. 레위 25장에서는 모든 빚이 탕감되고 땅이 휴식을 취하는 희년을 통하여 정의가 실현된다(레위 25,2-7). 이는 50년마다 되풀이된다. 이스라엘 사람들에게 경제적 평등이 이루어지는 시기인 것이다. 궁핍한 살림 때문에 팔렸던 땅은 본래의 주인에게 되돌아가고, 계약으로 종이 된 이들은 해방된다(레위 25,39-43). 힘 있는 이들과 탐욕스러운 이들에게는 정의의 처벌이 주어지므로, 인간과 인간 이외의 생명체가 모두 번성하고, 필요한 것을 받는다.

3.2. '옳고 정의로운 것을 행하라': 정의와 예언서

대예언서와 소예언서는 이스라엘 사회와 관련된 정의를 주제로 다룬다. 왕정 시대에 이스라엘은 주로 농업에 치중하던 국가에서 농업과 상업을 모두 관장하는 국가로 전환하였다. 성읍이 확장되면서 상인이나 장인과 같은 숙련 노동자도 늘어났다. 농부들은 새로 등장한 사회 지도층에게 토지를 빼앗기기 시작하였다. 이스라엘 사회에 이러한 변화가 생기면서 계층이 분화되고, 계층 사이에 급격한 차이가 생겨났다. 이스라엘에 다양한 계층이 존재했던 것으로 보이지만, 사람들은 주로 두 계층으로 갈렸다. 즉, 상층을 이루는 부유한 이들과 하층을 이루는 가난한 이들이다. 왕족, 그들을 위해 행정, 종교, 군사 분야를 담당하던 인력, 지주, 소규모 제조업자, 그리고 상인은 부유한 상층부에 속하였다. 소작농, 수공예인, 노예, 사제, 미숙련 노동자, 그리고 목축민은 가난한 하층부를 이루었다. 상층민은 하층민의 노동을 토대로 편안하고 사치스러운 생활을 즐길 수 있었다. 따라서 이스라엘의 계층 구조는 예언서들이 사회 정의, 특히 가난하고 소외된 이들을 위한 정의 실현을 주요 주제로 삼도록 자극하였다.

3.2.1. "공정을 추구하고, 억압받는 이를 보살펴라": 이사야서

정의와 의로움은 이사야서의 핵심 주제이다. 이사 1-39장은 정의를 추구하고, 확립하고, 유지하는 일에서 이스라엘의 역할을 강조한다.

여기에서 사회의 불의는 특히 이스라엘의 정치 및 종교 지도자들이 윤리적으로 판단하고 행동하지 않아서 발생한다. 그들은 율법을 삶의 길로 받아들이지 못하고, 공동체의 구성원들을 위해 정의롭고 의롭게 행동하고 구성원들도 그렇게 행동하도록 촉구해야 하는 지도자로서의 윤리적 책임을 게을리하였다. 그들은 공동체 구성원들이 윤리적으로 행동하지 못하면 지도자로서 구성원들의 비윤리적 행동에 대해 책임을 지게 된다는 것을 인지하고 있었다. 예를 들어 이사 10,1-4에서 정치 지도자들은 가장 취약한 이들, 구체적으로 곤궁한 이, 가난한 이, 과부, 그리고 고아들의 권리를 빼앗는다. 이러한 행동은 권력을 쥔 이들이 개인의 이익과 이득을 위해 다른 사람들을 억압하도록 용인한다. 이사 28,7-13에서는 종교 지도자인 사제와 예언자가 독주에 취하여(7ㄱㄴ절.8절) 그들의 종교적 직무와 의무를 소홀히 하였다고 고발당한다. "환시 중에도 휘청거리며 판결을 내릴 때에도 비척거린다"(7ㄷ절). 그런 행동은 결코 이스라엘의 하느님이 용납하지 않으실 것이다(이사 28,17-21).

이사 5,8-30에서 중심 주제는 정의의 결여다. 6개의 불행 선언(5,8-10.11-17.18-19.20.21.22-30)으로 구성된 이 구절에서 첫 번째는 힘있는 지주들에게 집과 밭을 빼앗기는 이들의 처지를 강조한다. 지주들은 약한 이들을 착취하여 부와 번영을 누린다. 율법에 의하면, 모든 땅은 하느님께 속한 것(탈출 19,5)이므로 하느님이 이스라엘에게 주신 선물이다(레위 25,23-24). 씨족들에게 배분된 땅은 각각의 씨족 안에서 보존(레위 25; 민수 27,1-11; 36,1-12)되어야 하고, 땅의 소유는 희년까지 보장된다(레위 25,23-28; 에제 46,16-18). 사람들은 원하는 대로 토지를 처분할 수 없고, 다른 씨족이나 이웃의 땅을 취할 수도 없다. 따라서 이사 5,8-10에서 타인의 재산을 가로챈 이는 율법을 어기고 불의를 저지른 것이고, 그들의 행위로 인하여 심각한 파급효과를 겪게 될 것이다.

이어지는 4개의 불행 선언은 예루살렘/유다의 사회적 분위기를 서술한다. 공동체의 어떤 구성원들은 방종하고 자신에게만 몰두하여 하느님의 길과 일에는 무관심하다(5,11-12). 어떤 이들은 죄에 빠져 심지어 하느님을 비웃고 그분의 뜻을 조롱하기까지 한다(5,18-19). 또 어떤 이들은 올바른 판단을 왜곡하면서(5,20), 지혜롭고 슬기롭다고 자처한다(5,21). 여섯 번째 불행 선언의 첫 부분(5,22ㄱㄴ)은 엄청난 자기 탐닉을 폭로하면서 첫 번째 불행 선언(5,11ㄱ)을 상기한다. 두 번째 부분(5,23)은 사법제도 안에서 비윤리적으로 행동하는 이들에게 초점을 맞춘다. "뇌물 때문에 죄인을 죄 없다 하고 죄 없는 이들의 권리를 빼앗는 자들!" 5,23에서는 법적 구조 내의 부패로 인하여, 무고한 이들이 고통을 겪고, 불의를 저지르는 자들뿐만 아니라 제도 자체가 가하는 폭력의 희생자가 된다는 사실을 보여 준다. 마지막으로, 우리는 사회적 불의와 부적절한 행위가 불러온 고통스러운 결과를 본다(5,9-10.13-17.24-30).

이사 40-55장의 주요 초점은 정의롭고 의로우신 하느님께 있으며, 그분은 새로운 지도자, 즉 정의와 의로움을 일으켜 세울 '종'을 세우실 것이다(이사 49,1-6; 50,4-9; 52,13-53,12을 보라). 예를 들어 이사 42,1-4에는 하느님의 영으로 가득한 "종", 하느님의 마음에 드는 이가 소개된다. 그는 민족들에게 정의를 세울 것인데, 이는 궁극적으로 모든 민족을 위한 하느님 구원의 비전이기도 하다(이사 2,1-4; 56,7). 여기서 '정의'는 모든 이의 상황을 고려하며 세우는 사회 질서를 함축한다. 이 종은 조용히, 인내하며 끈기 있게, 온유하지만 굳세게, 그리고 충실하게 정의를 세울 것이다. 그는 모두가 그 가르침을 기대하는 스승이 될 것이다(4절). 부러진 갈대를 꺾지 않는 종의 모습(3절)은 종의 사명이 불의에 희생된 자들뿐만 아니라 불의를 저지르는 자들에게도 향하고 있음을 시사한다. 이 두 집단 모두 부러진 갈대와 꺼져 가는 심지이다. 근본적으로, 이 종은 사람들을 얽매는 모든 것에서 그들을 해방할 것이다.

이사 56-66장에서 이스라엘 사람들은 유배 이후의 공동체에서 정의와 의로움을 실천하도록 격려 받는다. 이 공동체는 깊이 분열되었고, 여러 가지 형태의 사회적 불의, 정치 권력, 그리고 땅, 왕정, 성전, 도성, 익숙했던 생활방식 등을 상실한 이후 깊은 슬픔 속에서 시련을 겪고 있었고, 이 모든 일로 희망을 잃었다. 이 단락의 첫 구절은 사람들에게 정의라는 의제와 계획을 제시한다. "주님께서 이렇게 말씀하신다. '너희는 공정을 지키고 정의를 실천하여라. 나의 구원이 가까이 왔고 나의 의로움이 곧 드러나리라'"(이사 56,1).

이사 56-66장의 주요 구절들 가운데 하나는 56,3-8이다. 이 구절은 이스라엘의 하느님이 이스라엘 백성뿐만 아니라 모든 이를 계약 안으로 환영하며 맞이하시는 분이라는 사상을 재확인하고 있다. 여기에는 이방인과 고자를 위한 지침도 있으며, 이들에게도 하느님의 약속이 주어진다. 시의 첫 부분은 고자들에게 초점을 맞춘다(4-5절). 이스라엘의 율법에 따르면 고자들은 공동체에서 제외되었지만(신명

23,2), 이제 그들은 아들딸들보다 나은 영원한 이름을 약속받는다. 이 약속이 의미심장한 까닭은 당시 사회에서 이름은 자손들을 통하여 이어졌기 때문이다. 자손을 낳을 수 없는 고자들은 이름은 물론 기억조차 다음 세대에게 전할 수 없었으며, 죽음과 함께 이름도 살았던 기억도 사라질 것이었다.

두 번째 부분은 하느님을 섬기며 올바르게 사는 이방인들, 고자들과 마찬가지로 그분의 계약을 준수하는 이들을 향한다(6절; 참조 4절). 이들에게는 하느님의 거룩한 산으로 인도되고, 그분에게 기도하는 집에서 기쁨을 얻을 것이며, 그들의 번제물과 희생 제물이 그분의 제단 위에서 기꺼이 받아들여질 것이라는 삼중의 약속이 주어진다(7절). 시의 절정은 7ㄷ절에 나타난다. "나의 집은 모든 민족들을 위한 기도의 집이라 불리리라." 따라서 하느님의 집은 유다 민족만이 아닌 모든 이를 위한 자리가 될 것이다. 이스라엘 공동체에서 배제된 이들, 그리고 이방인들, 즉 모압 여인이면서 하느님께 축복받은 룻과 같은 비유다인들도 이스라엘 공동체의 일원으로 고국에서 쫓겨난 이들과 더불어 그 집에 포함될 것이다(8절). 정의와 의로움을 실천하면 이스라엘 사람들만이 아니라 모든 이에게 구원과 해방이 주어질 것이다.

또 다른 의미심장한 구절은 거짓 숭배와 참된 섬김을 다루는 58,1-14이다. 피상적으로 지키는 종교 관습은 사람들 사이의 수많은 사회적 불의를 드러내고, 전통적 종교 관습인 단식을 새롭게 바라보도록 이끈다. 윤리적 실천이 없는 단식은 수용될 수 없고, 공동체 내의 올바른 관계는 단순히 경건한 예식을 거행하는 것만이 아니라 윤리적 실천과 실행을 내포한다. 마지막으로, 정의와 의로움을 실천하지 않고, 자신의 직무를 오용하는 이들, 특히 종교와 정치 지도자들은 단죄되었다(이사 59,9-12).

3.2.2. "공정과 정의를 실천하고": 예레미야서

예레미야서에서 다루는 주요 주제 가운데 하나는 계약이다. 계약의 국가이자 민족인 이스라엘에 대한 하느님의 헌신은 이집트 탈출에서부터 약속의 땅에 들어갈 때까지 이어지는 구원 사건들로 요약된다(예레 2,2-3.6-7; 11,4-5; 16,14; 23,7; 31,2.32). 계약의 조건들은 율법 전승과 연관되어 있으며, 예레 22,3에서는 여러 가지 윤리적 규정으로 정의되고, 여기에 예레 7,9의 종교적 규정이 더해진다. 이것들은 "옛길"(예레 6,16; 18,15)이라고 불리며 정의의 원칙에서 윤리적 중추를 이룬다(예레 5,1; 7,5).

예레미야서 전반에 걸쳐 백성의 삶은 계약의 기준에 미치지 못한다. 그들의 불이행은 끝이 없고(예레 2,20; 3,25; 22,21; 32,30-31), 뿌리 깊으며(예레 5,3; 13,23; 17,1), 결국 임계점(예레 3,11; 7,26; 16,12)을 넘어서 온갖 윤리적 문제로 넘쳐 흐른다. 사회적 불의는 광범위하게 나타나며(예레 9,2-8; 22,13-17) 군주는 정의를 지키라고 하시는 하느님의 명령을 수행하지 못한다(예레 13,18; 21,11-23,2). 불의한 행위가 걷잡을 수 없을 만큼 만연한 가운데서 거짓 예언자들은 그 고집스러운 백성에게 하느님의 사랑과 축복은 조건 없이 주어지며, 특히 환난의 시간에 그분께서 그들을 위해 나서실 것이라고 반복해서 선포한다(예레

2,1-4; 6,12-14; 23,9-32; 27,14-18; 29,24-32). 백성이 하느님의 참된 예언자와 율법을 지속적으로 거부하자 그들의 생활 여건과 하느님과의 관계는 더욱 복잡해지고 힘들어진다(예레 6,16-19; 7,22-26). 하느님이 백성을 돕기 위해 보내신 예레미야를 거부하는 것은, 이 백성의 최종적 타락을 보여 주는 징조였다(예레 25,3-7).

윌리엄 홀러데이William L. Holladay는 정의에 관한 주제를 고려할 때, "예레 5,20-29은 예레미야가 바라보는 사회적 불의를 매우 잘 묘사하고 있다"(199)라고 말한다. 해당 구절은 결국 왕국의 멸망으로 이어지는, 유다의 종교적·사회적 붕괴 상황을 그리고 있다. 완고하고 반항하는 마음을 가진 백성들은 하느님과 그분의 길에서 멀어졌다(5,23-24; 5,22도 보라). 월터 브루그만Walter Brueggemann은 "계약의 장기臟器인 이스라엘의 심장(4,4 참조; 역자주: 《성경》에서는 "마음"으로 옮겼다)이 하느님에게서 소원해졌다"(68)고 짚어 낸다. 그들은 하느님을 사랑하고 그분의 길을 걷고, 온 마음으로 섬기(신명 10,12-13)라는 율법의 요청과 계약의 요구를 저버렸다.

이러한 불충한 백성 안에는 다른 이들을 불의하게 착취하여 부유해진 사악한 자들(5,26-28)이 자리 잡고 있다. 이로써 나라 안은 "부유한 이들에게 유리하도록 법률이 뒤틀리면서 부자와 빈자 사이의 전쟁 상황"(Holladay, *Jeremiah*, 198)이 되어 버렸다. 5,28에 나오는 "고아들"과 "가난한 이들"은 이스라엘에서 가장 취약한 계층에 속하는 집단이다. 그들에 대한 언급은 예레미야 예언자가 강조하는 문제이자 하느님의 응징을 불러 일으킬(5,29) 사안으로 유다의 사회적 불의 문제를 가중시킨다.

불의한 말로 서로에게 해를 끼치는 사람들을 고발하는 예레 9,3-10에서도 정의에 초점을 둔다. 진실을 담는 말은 중상과 사기로 변하고, 억압으로 이어지는 죄악에게 자리를 내준다. 백성은 하느님과 맺은 올바른 관계에서 벗어나 서로를 공격하게 되었다. 불필요하고 과도한 고통과 아픔을 낳은 이러한 행위는 용납될 수 없고 반드시 다루어져야 할 것이다(9,6-10).

율법의 가르침대로 살지 못하고, 하느님은 물론 이웃들과 올바른 관계를 맺지도 못하며, 서로 간에 정의롭게 살지도, 가난한 이와 소외된 이들을 대변하여 정의를 실천하지도 못하는 백성의 무능함에도 불구하고, 권리를 박탈당한 이들을 대변하는 정의의 명령은 예레미야서에서 일관되게 제시된 핵심 주제이다. "주님께서 이렇게 말씀하신다. '공정과 정의를 실천하고 착취당한 자를 압제자의 손에서 구해 주어라. 이방인과 고아와 과부를 괴롭히거나 학대하지 말고, 이곳에서 무죄한 피를 흘리지 마라'"(22,3).

3.2.3. "폭력과 억압을 치워 버리고, 공정과 정의를 실천하여라": 에제키엘서

에제키엘서에서 '정의로운' 사람은 우상을 섬기지 않고, 이웃의 아내를 탐하지 않고, 제의적 정결을 지키고, 타인을 억압하지 않고, 강도짓을 하지 않고, 굶주리고 헐벗은 이를 돌보고, 이자를 받지 않고, 죄악을 범하지 않고, 재판장에서 정의를 지키며, 하느님의 규정들과 법규들을 준수한다(에제 18,5-9). 이러한 행동들은 사회 정의를 실천하는 바람직한 모습들이지만, 에제키엘서에서 보듯 권력층과 귀족계급을 비롯한 많은 이들이 정의를 실천에 옮기지 못한다. 소외된 이들과 권리를 박탈당한 이들이 법의 악용으로 인한 영향을 가장 크게 받는다(22,7). 이제 하느님이 그들을 대변하여 행동하실 것이다. 사제, 귀족, 예언자들은 누가 가장 가난한 이들을 억압하고 강도 짓을 하는지 알면서도(22,29) 침묵하고, 정의를 지켜야 하는 책임을 제대로 수행하지 못한 것에 대하여 규탄받는다. 소위 '목자'로 불리는 종교 및 정치 지도자들은 자기 과장과 가난하고 취약한 이들을 소홀히 한 죄로 고발당하여 정의의 심판을 받을 것이다. 에제 34,1-10에서 이스라엘의 지도층은 부당한 행위로 질책을 받는다.

상당히 은유적인 표현을 담고 있는 에제 34,1-10은 지도력과 권력에 초점을 맞춘다. "목자들"은 그들의 양 떼, 즉 이스라엘을 억압하기 위하여 자신들의 권력을 사용하였다. 하느님은 목자들의 불의를 일깨우시고, 억압받는 이들을 위하여 정의를 행하실 것을 약속하신다. 목자들의 이기심과 양 떼에 대한 소홀함에 분노하신 하느님이 그들의 죄와 불의를 드러내시는 말씀으로 그들을 공격하신다(1-3절). 이스라엘의 지도자들은 공동체 전체를 소홀히 한 죄뿐만 아니라 공동체에서 가장 취약한 이들을 소홀히 한 죄도 짓는다. 오히려 목자들은 그들에게 강압적이고 매몰차게 권력을 행사한다. 권력의 남용으로 양 떼는 온 세상 곳곳에 흩어져 방랑하게 되었고, 누구도 그들의 거처를 묻지도, 관심을 두지도 않게 되었다(5-6절). 따라서 이스라엘의 임금들은 유배에 대해 책임이 있다. 그들은 이스라엘 백성 가운데서 강자도 약자도 돌보지 않았다. 7-10절은 양들의 상황과 하느님이 목자들에게 하실 일을 더 상세히 묘사한다. 양들은 들짐승의 먹이가 되었고(8절), 심지어 목자들의 먹이가 되었다(10절). 하느님은 양들을 구하러 오시기로 약속하신다. 그분은 타락한 지도자들을 거슬러 행동하시며 약한 이들을 대변하여 정의를 실천하실 것이다. 임금만이 아니라 제후들, 왕자들도 경고를 받는다. "주 하느님이 이렇게 말한다. 이스라엘의 제후들아, 그만하여라. 폭력과 억압을 치워 버리고, 공정과 정의를 실천하여라. 내 백성을 수탈하는 일을 멈추어라. 주 하느님의 말이다"(45,9).

마지막으로, 에제키엘서 전반에 흐르는 공통의 주제가 있다. 즉, 하느님과 올바른 관계가 정의를 실천하는 토대라는 것이다. 사람들이 하느님과의 올바른 관계에서 벗어날 때, 혼란과 파괴가 뿌리를 내린다. 가족들은 서로를 업신여기고, 같은 땅에 사는 이방인은 억압을 당하며, 고아와 과부는 학대를 받고, 무법이 판을 치게 된다(22,7).

3.2.4. "다만 공정을 물처럼 흐르게 하고": 소예언서

소예언서 모음집에서 아모스서, 호세아서, 미카서와 즈카르야서는 각각 정의를 주제로 이야기한다. 아모스서는 사회 정의에 대해 매우 상세하게 다루는 특별한 예언서이다. 노만 갓월드Norman K. Gottwald는 아모스가 공격하는 핵심 대상이 기원전 8세기 예로보암 2세 치하에서 어느 정도 번영을 누리던 상층 계급임을 지적한다.

> 탐욕스러운 상층 계급은, 행정과 재판을 맡은 관리들의 묵인 아래, 조직적으로 평민들의 땅을 빼앗아 부를 쌓고 이를 '과시적 소비' 경제 안에서 천박하게 드러냈다. 그들은 이민족에 대한 증오, 군사적 과시, 종교적 수사법 등을 동원하여 백성이 자신들의 비참한 처지를 받아들이도록 종용하였는데, 어쨌거나 그들의 사회가 소위 '실현 가능한 사회 가운데 가장 좋은 사회'였기 때문이다(Gottwald, 356).

윌리엄 도어리William J. Doorly는 아모스 시대에 억압받던 이들이 가난한 이들, 곤궁한 이들, 심지어 의로운 자들이라는 점을 지적한다. 농부들은 자신들의 생존에는 별반 필요가 없는 포도주와 기름을 생산하기 위한 환금 작물을 재배하도록 강요당한다. 이 작물들은 사마리아의 권력층이 국제무역 관계를 구축하고 유지하는 데 필요했다. 토지가 부계父系를 통하여 상속되는 것을 관장하던 법이 무시당하면서, 많은 집안이 땅을 잃고, 부유한 지주들에게 과도한 소작료를 내야 하는 소작농이 되고 말았다. 사법 체계까지 통제하게 된 성읍 내 부유한 자들은, 평민들을 위한 '성문 앞 정의'를 허용하지 않았다.[03]

아모스 예언자나 갓월드와 같은 몇몇 주석가가 상층 계급을 한 묶음으로 언급하다 보니, 마치 이스라엘의 부유한 사람들이 모두 타락했다고 볼 수도 있겠지만, 실제로는 그렇지 않았을 가능성도 있다. 어떤 성서학자들은 '통합적 의미corporate sense'를 거론하며, 성경 본문만이 아니라 그 본문을 해석하는 이들도 비판적으로 바라볼 것을 요청한다. 예를 들어 주디스 샌더슨Judith E. Sanderson은 "아모스는 구체적으로 부유층 여성들을 가난한 이들의 압제자로 비난(4,1)하지만, 빈곤층 여성들을 옹호하지 못한다"고 말한다.[04] 더 나아가 샌더슨은 아모 4,1에 대하여 다음과 같이 지적한다. "현대 주석서들을 살펴보면 … 너무 쉽게 여성들에게 사회의 악에 대한 책임을 지우고, 그들이 상대적으로 힘이 약하다는 상황을 간과하고, 그들이 처해 있던 상황에 비해 저지른 죄의 무게를 더 크게 보는 경향이 있다." 따라서 아모스서 역시 다른 예언서 본문들이나 주석서들처럼 공감의 태도만이 아니라 '의심의 해석학'이라는 관점에서도 볼 필요가 있다.

아모스서에서 민족들을 거슬러 선포되는 말씀들은 폭력적 억압 행위를 저지른 여러 외국 세력을 비난한다(1,3.11.13; 2,1). 그들은 하느님의 법을 배척하고(2,4), 다른 이들을 억압하고 종으로 삼아 부를 축적한다(2,6-8; 8,6 참조). 종살이를 강요당한 젊은 여성들은 주인과 그의 아들에게 성폭력을 당한다(2,7ㄴ). 저당 잡힌 옷은 되돌려 주지 않는다(2,8). 그 외에도 권력자의 성채 안에서 폭력과 강도질이 꾸며지고(3,9-10), 나태한 부유층의 충동적 소비, 정의의 왜곡(5,7), 불의한 이의 부정에 대항하는 이에 대한 거부(5,10), 가난한 이들을 짓밟는 행위(5,11; 참조 2,7; 8,6), 하층민들이 재산을 잃게 하는 과도한 과세(5,12-14), 상층 계급의 화려한 생활(6,1-7), 가난한 이들에 대한 억압(8,4-6) 등의 불의가 자행된다. 이러한 억압과 불의에 대하여 예언자는 정의를 부르짖는다. "너희는 악이 아니라 선을 찾아라. … 성문에서 공정을 세워라"(5,14-15). 아모스 예언자는 참된 정의는 강물처럼 흐르고 변함이 없다고 선포한다(5,24).

호세아서는 타락한 종교 지도자들을 주목한다. 정의를 위해 일해야 하는 책무를 다하지 못한 사제들과 예언자들은 단죄를 받는다

(호세 4,5). 사제들은 백성의 죄를 이용해서 이득을 취하고(4,8), 백성을 보호하기는커녕, 그들을 먹잇감으로 삼는다(6,9). 왕실도 나라와 백성 안에서 정의가 실현되도록 보장하는 역할을 수행하지 않은 것에 대해 단죄를 받는다(7,1ㄴ-3). 임금들은 하느님을 거부하고 부패를 일삼아 자신들의 파멸을 자초한다(7,7.16). 백성도 불륜(4,11.15), 만취(4,11.18), 우상숭배(4,13.17; 6,10), 살인(6,8-9), 계약 파기(6,7) 등의 죄를 저지른다. 예배는 조롱거리가 되고 말았다(4,18). 호세 7,8-12에서는 음모와 암살을 포함한 국내 문제로부터(7,3-7), 외국 세력과 이스라엘의 연합 관계와 국제 정치의 문제로 초점이 옮겨 간다. 이스라엘을 뒤집지 않고 구운 부꾸미, 어리석고 지각이 없는 비둘기, 하늘의 새로 비유하여(역자주: 7,8.11.12 참조) 왕국의 부도덕한 상태를 묘사한다. 자만과 교만이 이스라엘의 눈을 멀게 하였다(7,10). 이 두 가지 악덕 때문에 백성은 자신들의 참된 힘과 자유인 하느님께로 돌아가기를 거부한다(7,10). 이스라엘은 이집트, 아시리아와 연합한(7,11) 결과로 힘과 독립을 모두 잃는다. 백성의 어리석음은 불행한 결과(7,12)를 낳는다. 호세 9,10-17은 계속해서 이스라엘의 죄악 목록을 읊는다. 예언서 전체에 걸쳐 하느님은 백성의 불의를 바로잡고 그들의 잘못을 꾸짖으시고자 정의를 내세우신다.

미카서 2,1-11에서는 힘 있고 부유한 자들과 하층민들 사이의 격차 때문에 정의가 바로 서지 못한다. 경제력을 지닌 자가 다른 이들에게서 이득을 취한다. 사악한 일들을 꾸미고 이를 실행한다. 그들은 율법이 금하는, 다른 이의 밭과 집을 탐하는 일도 행한다(탈출 20,17; 34,24; 신명 5,21). 어떤 이들은 집주인들을 속여서 집을 빼앗고, 사람들을 속여서 상속 재산을 유린한다. 여기서 '상속 재산'은 구체적으로 토지를 가리킨다. 율법에 따르면, 이웃을 억압하는 자는 누구나 배상을 하고 하느님께 용서를 구해야 한다(레위 5,20-26). 그들은 하느님의 백성을 거슬러 "원수가 되어" 일어나고, 평온히 지나가는 이에게서 겉옷을 빼앗는다(미카 2,8). 다른 이의 겉옷을 빼앗는 것은 심각한 범죄이다. 이스라엘의 사회법은 이웃에게서 겉옷을 담보로 삼았으면 그날 해가 지기 전에 임자에게 돌려주어서 그가 밤 동안 몸을 가릴 수 있게 해 주어야 한다고 명시한다(탈출 22,25-26을 보라). 그러므로 죄인들은 사회법을 어기고 하느님의 계명을 따르지 않은 셈이다(탈출 20,17). "원수가 되어" 일어난 자는 두 가지 불의에 대해 추가로 고소당한다. 그들은 이스라엘 여성들을 그들의 정든 집에서 쫓아내고 자녀들에게서 하느님의 영예를 영원히 빼앗아 버렸다(미카 2,9). "영예"는 토지를 뜻한다. 가장 취약한 계층인 여성과 아이들이 더 강한 힘을 지닌 자들의 희생양이 된다. 억압받는 이들에게는 정의가 이루어질 것이다. 하느님이 그들을 대신하여 행동하실 것이고, 계약이나 율법을 지키지 않은 자들은 그들의 불의한 행동에 따른 대가를 치를 것이다(2,3-5.10-11).

미카서에서 지도층에 대한 단죄는 계속된다. 지도자들은 정의 *mishpat*를 알고 실행해야 하는 사람들이지만, 안타깝게도 다른 여러 예언서에서 보았듯이, 공동체의 지도자들은 타락하였다. 그들에게는 정의를 지향하는 마음이 없다. 오히려 정의를 전도시켜, 선을 미워하고 악을 사랑한다. 미카 3,1-12에서 정치·사회·종교 지도자들의 불의가 만천하에 드러난다. 이스라엘의 정치 지도자들은 올바르게 행동하지 않는다(3,1). 그들은 선을 미워하고 악을 사랑하는 이들이다(3,2). 3,2ㄴ-3은 이스라엘의 지도자들을, 사람들을 마치 먹잇감처럼 다루는 야만적인 도살업자나 게걸스러운 식인종에 비유한다. 이 은유는 미카의 공동체에서 벌어지는 불의, 특히 지도자들의 불의를 구체화하고, 정치 지도자들과 공동체 지도자들이 저지르는 끔찍한 악행에 시선을 모은다. 그러한 불의한 행위의 결과는 미카 3,4에 잘 표현되어 있다. 하느님은 타락한 지도자들에게 응답하지 않으시고 거리를 두실 것이다.

종교 지도자들도 불의의 주체로 드러난다(3,5-8). 그들은 거짓 예언을 통해 사람들을 잘못된 길로 이끈다. 그들은 개인적 만족과 이득을 위해 예언직을 타락시키고, 기대하는 보상을 해 주지 않는 이들에게는 적대적으로 반응한다(3,5). 하느님은 그들을 물리적인 피해로 처벌하지 않으시고, 그들 예언직의 일부인 은사를 거두시는 방식으로 응답하신다. 그분은 당신의 권능으로 탄압하시기보다 억누르신다. 흥미롭게도 5-7절은 종종 '참' 예언자와 '거짓' 예언자들 사이의 대립으로 해석되곤 하였다. '고발'이라는 이 본문의 맥락에서 이 예언자들은 하느님이 빼앗아 가실 수 있는 예언의 힘을 지니지 않았다는 언급을 볼 때, '거짓' 예언자는 아니다. 여기서 언급되는 예언자들은 참된 예언자이기는 하되, 자신들의 예언직과 소명을 저버린 이들이다.

이러한 타락상을 배경으로, 미카라는 인물이 서 있다. 그는 "그러나 나는"이라는 말로써 타락한 정치·종교 지도자들과 스스로를 차별화한다. 그는 당당히 자신의 은사를 언급한다. "힘"으로 가득 차 있다는 말은 하느님의 영으로 충만하다는 것이다. 미카는 이 첫 번째 카리스마적 은사를 통하여, 이전에 이러한 은사를 지녔던 사울(1사무

10,10; 19,23), 다윗과 연결된다. 하느님의 영으로 충만하다는 것은 또한 "공정"과 "능력"으로 가득 차 있다는 뜻이다. '공정'은 정치 지도자들이 실천해야 했던 것이다(3,1). '능력'은 군사적 용맹(판관 8,21)과도 연관된 단어로 미카가 두려움 없이 지도자들을 고발하고 판결을 내릴 수 있게 용기를 준다. 이것은 하느님이 주시는 은사로 예언자가 불의한 자들과 불의의 희생자들에게 다른 이들의 불의를 폭로하도록 이끈다. 자신들의 힘과 능력을 칼에 기대고 있던 당시의 정치·군사 지도자들과는 다르게, 미카의 힘은 하느님이 주시는 말씀에 달려 있다.

이 부분의 마지막 단락인 미카 3,9-12은 또다시 정치·종교 지도자들을 공격한다. 결국 지도자들이나 거룩한 도성 모두 하느님의 징벌을 피할 수 없으며, 정의가 이루어질 것이다. 예루살렘과 성전은 정의와 진실함으로 통치하지 못한 지도층의 잘못으로 폐허가 될 것이다. 그러나 이러한 가혹한 말씀에도 불구하고 희망의 불꽃은 남아 있다. 곧 있을 '갈아엎는 일'은 새로운 씨앗을 심고 뿌리를 내릴 수 있도록 장애물을 제거하는 것이다(예레 1,10 참조).

사회 정의를 다루는 또 다른 예언서는 하바쿡서이다. 예를 들어 하바 1,2-4에서 하바쿡은 하느님이 자신의 호소를 외면하는 것(2ㄱ절) 같다며 불만을 토로한다. 하느님은 그가 "폭력이다"(2ㄴ절) 하고 외쳐도 무심하시고, 그가 원치 않는데 보도록(3ㄱ절) 집요하게 고집을 부리시는 듯하다. 하바쿡은 무엇을 보았는가? 그는 억압, 폭력, 시비, 싸움(3ㄴ절)과 무너져 내린 재판제도의 무력함으로 의인들의 삶이 위협당하고 공정이 왜곡된 현실을 본다(4절).

하바 2,6-20에서 2,3ㄴ절은 암시한 끔찍한 환시에 대해 자세히 제시한다. 예언자는 몇몇 이스라엘 사람이 저지르는 온갖 불의를 본다. 그들은 훔치고 속이고(2,6), 타인을 착취하고(2,6.9), 살인하고(2,8), 부패로 고을과 도시를 세우고(2,12), 남을 이용해 이득을 취하고(2,15), 말 못하고 숨도 쉬지 못하는 우상을 믿는다(2,19). 다섯 가지 불행 선언은 타인을 억압하고 자신의 계획을 부당하게 이루기 위하여 힘을 가차 없이 사용한 자들이 결국 우상숭배의 덫으로 빠지는 모습을 보여 준다. 그 암울한 상황에서 하바쿡은 선언한다.

> 너는 영광은커녕 능욕이나 실컷 당하리라. 너도 술을 마시고 포피를 드러내어라. 주님의 오른손에 들린 잔이 너에게 돌아가고 수치가 네 영광을 덮으리라(하바 2,16).

죄악이 마지막 결론은 아니다. 다른 사람들에게 어려움과 고통을 가져다준 이들에 대항하여 정의가 승리할 것이다(2,7.8.11.14.17.20).

소예언서에서 사회 정의에 관하여 살펴볼 마지막 책은 즈카르야서다. 날아다니는 두루마리의 환시는 유배 후 이스라엘 공동체의 토대가 되는 계약의 중요성을 강조한다. 5,1-5에서 천사가 언급하는 도둑질과 거짓 맹세라는 두 가지 범죄는 공동체에 심각한 영향을 미친다. 둘다 인간관계의 배반에 관한 것이기에 공동체의 구조를 파괴할 수 있다. 거짓 맹세는 정의를 타락시키고자 하는 의도와도 연관된다. 두 범죄 모두 이웃 사랑(레위 19,11-18 참조)을 지키지 못하는 모습을 보여 준다. 그러므로 관계는 계약의 정의 위에 토대를 두어야만 한다.

> 만군의 주님이 이렇게 말한다. '너희는 진실한 재판을 하여라. 서로 자애와 동정을 베풀어라. 과부와 고아 이방인과 가난한 이를 억누르지 마라. 서로 남을 해치려고 마음속으로 궁리하지 마라'(즈카 7,9-10).

요약하면, 만연한 불의로 인한 정의에 대한 희망은 예언서의 핵심 주제이다. 많은 경우에 불의는 공동체에서 힘이 없는 이들과 가장 취약한 이들을 상대로 벌어진다. 이러한 책들과 선택된 본문들에서 우리는 정의를 세우시는 하느님을 만나게 된다. 하지만 그 정의는 종종 폭력적인 방식으로 표현되고, 징벌의 양상을 띠기도 한다(예레 5,29; 9,7-11 참조). 이러한 정의의 행위는 인간의 삶뿐만 아니라 인간이 아닌 존재의 생명과 창조 세계에도 영향을 미친다(예를 들어 아모 8,9-14 참조). 이처럼 사회 불의를 폭로하고, 맞서며, 이를 해결하겠다고 약속하는 윤리적 메시지는 매우 강력하며, 21세기 세계화된 세상에까지 이어지는 문화적·사회적·종교적·정치적 태도와 사고방식에 그 흔적이 담겨 있기도 하다.

3.3. "가난한 이에게 귀를 기울이고": 정의와 지혜문학

성문서에서 특히 정의를 핵심 주제로 삼은 책은 시편과 잠언, 두 권이다. 집회서에서도 정의가 언급된다. 시편에도 적잖은 본문이 사회 정의와 정의의 필요성에 초점을 맞춘다. 시편에서 주된 관심은 권력자의 강요로 인해 가난한 이가 겪어야 하는 불의에 쏠려 있다(예를 들어 시편 12; 13; 14; 22; 109편 참조). 그중 시편 10편은 가난한 이의 고통을 다룬 대표적 시로 권력의 남용 때문에 고통받는 어떤 이의 한탄을 담고 있다. 교만하고 탐욕스러운 악인들이 가난한 이를 핍박한다.

> 주님, 어찌하여 멀리 서 계십니까? 어찌하여 환난의 때에 숨어 계십니까? 가련한 이는 악인의 교만으로 애가 타고 그들이 꾸며 낸 흉계에 빠져 듭니다. 악인은 제 탐욕을 뽐내고 강도는 악담하며 주님을 업신여깁니다. 악인이 콧대를 높여 "하느님은 벌하지 않는다. 하느님은 없다!" 하니 이것이 그의 생각 전부입니다(시편 10,1-4).

가난한 이들을 억압하는 자들은 경제적·사회적·정치적으로 만족스럽게 살고 있기에 자신만만하다. 그들은 자기 자신을 믿고 의지하며 하느님이 실제로 계신지도 의심한다. 지금까지 그들은 불의한 행위를 하고도 어떠한 징벌도 경험하지 않았기 때문이다. 불의에 대한 묘사는 8-11절에 이어진다.

> 마을 으슥한 곳에 숨어 앉아 죄 없는 사람을 몰래 죽이려 그의 눈은 힘없는 이를 살핍니다. 그는 덤불 속의 사자처럼 은밀한 곳에서 노립니다. 가련한 이를 잡아채려 노리다가 그물로 끌어당겨 잡아챕니다. 이렇듯 가련한 이는 두들겨 맞아 쓰러지고 힘없는 이들은 그의 폭력에 넘어집니다. 악인은 제 마음속으로 말합니다. '하느님은 잊고 있다.' '얼굴을 감추어 영영 보지 않는다'(시편 10,8-11).

이렇게 끔찍한 불의를 반복하여 겪는 이들은 하느님께 부르짖으며 그들을 대신하여 하느님이 개입해 주실 것을 청원한다(시편 10,12.15; 86,1; 70,6). 고통을 겪는 이들은 하느님이 그들을 위해 행동하실 것을 확신한다(시편 9,8-13; 146,7-9). 때로는 필요한 도움이 다윗 왕조의 임금을 통하여 오기도 하는데, 그는 가난하고 취약한 이들에 대해 책임이 있기 때문이다(시편 72,2-4. 5-9. 12-14). 월터 브루거만과 윌리엄 벨린저 주니어William H. Bellinger, Jr.는 '가난하고 변방으로 밀려난 이들이 그들의 삶을 지탱할 수 있는 것을 가지지 못할 때에 임금은 그들의 삶을 지원하고 지탱해 주어야 하는 책임'이 있음을 지적한다.[05] 마지막으로, 하느님은 세상을 정의와 신의로 다스리신다. 윤리는 신적인 속성이므로 개인과 공동체는 자신들의 하느님을 닮아서 행동하도록 부름받는다. "내가 거룩하니 너희도 거룩한 사람이 되어야 한다"(레위 11,44; 참조 시편 89,15).

잠언은 의로운 이들의 길을 악하고 어리석은 이들의 길과 대조하고(10,7.9.11.16.21.24.25.28-30), 사법제도의 왜곡과 뇌물이 만연한 현실을 폭로한다(13,23; 17,8.23; 18,5; 19,5; 24,23.28). 또한 도량형의 거짓된 사용을 밝혀내고(11,1; 16,11;20,10.23), 탐욕스러운 자의 어리석음을 폭로한다. 가난은 부정적인 것으로 취급되는데, 사람이 나태하거나 온 힘을 쏟아 일하지 않아 자초하는 것으로 여겨진다(6,10-11; 10,4.15; 20,13; 21,17; 23,21; 24,33-34). 가난한 이에게 빈곤은 엄청난 고통이다(10,15; 13,8; 14,20; 19,4.7.22; 22,7; 28,3; 30,8-9). 그들은 힘 있는 자들에게 억압을 당하지만(10,15; 13,23; 18,23; 22,7.16; 30,13-14), 그들의 어려운 상황은 그저 잊히지는 않으며(14,31; 17,5; 19,17; 21,13; 22,2.9.22-

23; 28,27; 29,14; 31,9), 가난한 이들을 돌보는 일은 의로운 행위로 여겨진다(16,19; 19,1.22; 22,16; 28,6.11; 29,7; 31,9.20). 그러나 예언서 본문과는 다르게, 잠언에는 불의한 자들을 강하게 비난하는 내용이 없다.

집회서는 공동체 내의 사회 정의를 확립하기 위한 윤리적 지침을 구체적으로 제시한다.

> 가난한 이에게 귀를 기울이고 그에게 평화의 인사를 상냥하게 건네어라. 억눌린 이를 억누르는 자의 손에서 구출하고 네가 심판을 내릴 때에는 심약해지지 마라. 고아들에게 아버지가 되어 주고 그들의 어머니에게 남편 노릇을 해 주어라. 그러면 너는 지극히 높으신 분의 아들이 되고 그분께서 네 어머니보다 더 너를 사랑해 주시리라(집회 4,8-10).

이러한 조언은 앞서 들었던 여러 성경 본문의 정서를 잘 담고 있다(예를 들어 탈출 22,22; 신명 24,17-22; 레위 19,9-10; 23,22; 아모 5,10-15; 이사 1,17; 잠언 14,3; 28,27). 마지막으로, 가난한 이들과 곤궁한 이들에 대한 관심은 자선으로 표현된다(집회 3,30; 17,22; 29,8-9). 자선이라는 정의로운 행동은 연민에서 나오는 것이 아니다. 이는 땅 위의 모든 재화에 대한 권리가 모든 이에게 있으므로, 이 재화는 모든 이에게 분배되어야 하는, 모든 이를 위한 것이라는 이해에서 비롯된다.

요약하면 정의와 의로움은 오경, 예언서, 지혜문학이라고도 일컬어지는 성문서 등 히브리 성경에서 중요한 역할을 하고 있다. 가난한 이들, 과부들, 고아들, 곤궁한 이들, 박탈당한 이들 그리고 거주 이방인들을 위한 정의는 선택 사항이 아니다. 정의는 계약의 공동체로서 하느님, 그리고 구성원들 사이에 맺어진 계약 관계의 일부이다. 정의와 의로움은 신적인 속성이고, 인간의 공동체는 사회·정치·종교 지도자들과 더불어 이 덕목을 체화하고 이로써 다스리고, 이를 살아 내도록 부름받는다. 이스라엘 백성에게 정의를 위한 투쟁은 생생한 현실이었고, 이는 신약성경의 세계로 계속 이어졌다.

3.4. 복음 선포의 본질적 요소로서의 정의: 루카복음과 마태오복음

히브리 성경과는 다르게, 신약성경에는 '정의'나 '의로움'을 가리키는 특정한 그리스어 단어가 없다. 디케*dikē*(올바름, 처벌), 디카이오시네*dikaiosynē*(의로움, 타당함), 그리고 크리시스*krisis*(판결)라는 그리스어 세 단어가 '정의'로 번역된다. 공관복음은 모두 어떤 방식으로든 정의를 말하는 이야기와 비유를 담고 있다. 루카복음에서 '가난한 이들'은 중심 주제이다. 유년기 내러티브는 돈, 권력, 명예가 없는 사람들에게 특별한 관심을 보인다(1,52-53; 2,24). 복음서의 핵심 등장인물인 예수는 당신의 사명이 가난한 이들에게 기쁜 소식을 전하고, 잡혀간 이들에게 해방을 선포하며, 눈먼 이들을 다시 보게 하고, 억압받는 이들을 해방시켜 내보내는 것이라고 선언한다(4,18-19). 여러 가지 이야기를 통해 변두리 사람들을 배려하는 예수의 모습이 그려진다. 그분은 과부(7,11-17; 18,1-8), 이방인(10,29-37; 17,16), 그리고 가난한 이, 장애인, 다리 저는 이, 눈먼 이 같은 소외된 이들의 편에 서고, 이들을 식탁에 초대한다(14,12-13.21). 또한 힘 있고 부유한 사람들이 아니라 가난한 이들이 복을 받는다(6,20.24-26). 이러한 주제는 어리석은 부자의 비유(12,13-21) 및 부자와 라자로의 비유(16,19-31)에서 가장 두드러진다. 자선은 권장된다(11,41; 12,33; 19,8; 사도 10,2.4.31; 24,17 참조). 마지막으로 루카-사도행전의 이야기들은 목숨을 구한 사마리아인(10,29-37)과 사마리아인 나병 환자의 치유(17,11-19) 이야기 등에서와 같이 '타자성otherness'을 수용할 것을 요청하기도 한다.

아마도 정의에 관해 가장 강력하게 언급하는 본문 가운데 하나는 마태오복음의 참행복 선언일 것이다(마태 5,3-16). 이 가르침은 오경과 신약성경 모두에서 '거룩한 장소'로 여겨지는 산 위에서 베풀어진다. 가르침은 뚜렷해 보이지만, 당시 사회적 분위기는 그렇지 않았다. 마태오복음 전체와 참행복 선언을 포함하고 있는 산상수훈은 여러 분파가 존재하는 가운데 변화를 겪고 있는 공동체의 모습을 반영한다. 워렌 카터Warren Carter는 "로마는 전형적으로 특혜와 공포로 통치하였다"고 짚어 낸다.[06] 그는 "'특혜'로 통치한다는 것은 안티오키아에서 부유하고, 힘 있고, 지위가 높은 지역 유지들과의 연합을 의미한다"라고 덧붙인다. '공포'로 통치한다는 것은 '세금 납부 거부와 같은 비협조적인 태도를 보일 때 군사적 행동을 할 수 있다는 인식'을 포함한다. 또한 카터는 다음과 같이 지적한다.

> 로마가 지배하던 사회적·경제적 세계 속의 삶은 위태로웠다. 대부분 사람들은 그것을 신의 축복으로 보지 않았다. 통상 물품으로 납부해야 하는 무거운 세금, 제한된 자원 접근성, 과도한 노동, 악천후로 인

> 한 자연재해나 종자 및 가축의 수확량 감소, 유력한 후원자에 대한 의존, 그리고 지속된 불안에 처한 가혹한 삶이었다. 또한 주거 지역은 인구 밀도가 높았다. 상류 계층의 웅대한 저택을 제외하면 대부분의 사람들은 다층 다세대 건물에 밀집하여 살았다. 길은 좁아서 공동 거실이자 개방된 쓰레기 처리장으로 사용되었다. 상수도가 없는 곳에서는 물을 항아리에 담아 운반하여 저장했다. 질병, 오물, 부패한 물질에서 나는 악취가 가득했다. 불충분한 영양 섭취, 불균등한 식량 공급, 제한된 의료 지식과 치료로 인해, 질병과 신체적 기형이 도처에 널렸던 것은 당연하다. 병자들과 기형적인 몸을 지닌 이들이 등장하는 장면이 자주 나타나는 마태오복음은 당시 로마 세계의 현실을 정확히 반영한다(마태 4,23-25 참조; Carter 69).

마지막으로 카터는 "개인적·사회적·경제적·종교적·인종적 갈등이 자주 사회질서를 위협했다"고 언급한다(같은 책).

참행복 선언은 지혜서에 공통적으로 나타나지만(예를 들어 시편 1,1; 32,2; 40,5; 잠언 3,13; 28,14), 보상이 이미 현세에 있다고 가정한 히브리 성경과는 다르게, 신약성경 마태오복음에서 보상은 미래적이고 종말론적인 성격을 지닌다(5,3-11). 참행복 선언의 각 항은 서로 다른 부류의 사람들에게 미래의 보상을 약속한다. "영이 가난한 사람들"(3절)은 겸손의 덕을 갖춘 이들로, 사회적 지위가 하찮거나 아예 없는 이들, 혹은 지위에 연연하지 않는 사람들이다. 그들은 모든 것이 선물이고, 하느님에게서 온다는 것을 인정하며 권력을 휘두르는 부유한 로마 통치자들이나 동족인 몇몇 유다인 지도자들이 가하는 압제 앞에서 하느님의 보호에 의탁하는 이들이다. '영이 가난한 이'(3절; 역자주: 《성경》은 '마음'으로 옮겼다)에게 주어진 보상은, 하느님의 영역을 뜻하며 정의와 의로움을 함축하는 '하늘 나라'이다. 슬퍼하는 사람들, 비참한 상황에 놓인 이들은 위로를 받을 것이다(4절). 압제는 최종 승리를 거두지 못한다. 온유한 사람들(5절)에게는 땅의 상속이 약속된다. 온유한 사람들은 태도가 거만하지도 않고 압제적이지도 않은 이들이다. 땅의 상속과 관련하여, 다니엘 해링턴Daniel J. Harrington은 이것이 '이스라엘 땅'에 제한된 것으로만 볼 필요는 없다고 언급한다. 묵시문학(1에녹 5,7)에서 약속은 의로운 이들에게 이 세상 전부를 선물로 주는 것으로 확대된다.[07] 의로움에 주리고 목마른 사람들은 흡족해질 것이다(6절). 의로움은 하느님의 정의와 올바른 관계의 확립을 가리킨다. 자비로운 사람들은 자비를 입을 것이다(7절). 자비는 하느님의 속성이고 그분이 바라시는 덕목이다(호세 6,6). 마음이 깨끗한 사람들은 하느님을 볼 것이다(8절). 참행복 선언에서 이 8절 내용의 배경은 시편 24,3-4이다. 손이 깨끗하고 마음이 결백한 이만이 하느님의 거룩한 산에 오를 수 있다. 평화를 이루는 사람들은 하느님의 자녀라 불릴 것이다(9절). 평화 또는 샬롬*shalom*은 올바른 관계의 목적이자 성취이다(레위 26,6; 시편 85,11; 119,165; 이사 32,17). 평화는 올바른 관계의 삶을 품어 안는 이들에게 주시는 하느님의 충만한 선물이다. 정치적·사회적·종교적·경제적 긴장과 갈등의 시대였던 로마 점령 시대에, 평화를 이루는 이들은 땅의 평화를 유지하는 데에 매우 중요한 존재였다. R. T. 프랑스France는 다음과 같이 말한다.

이 참행복 선언은 단순히 평화로운 내적 태도를 넘어서 '평화를 이루는' 적극적인 시도를 의미한다. 즉 자신의 원수와 화해를 모색하는 것일 수도 있고, 좀 더 나아가 서로 멀어진 사람들을 하나로 묶는 것일 수도 있다. 그러한 '평화 이루기'는 이익이나 응징을 바라는 자연스러운 욕망을 극복해야 하며, 이는 마태 5,39-42의 특별한 요청에 잘 드러난다. 이 구절은 인간의 본성에 기반한 동태복수법lex talionis을 전복시킨다(*The Gospel of Matthew*, Grand Rapids: Eerdmans, 2007, 69).

의로움 때문에 박해를 받는 사람들에게는 위로의 말씀이 주어진다. '하늘 나라'가 그들의 것이다(10절). 하느님의 영역은 그들의 상황에 정의를 가져다줄 것이고, 그 다스리심은 그들 고통의 끝과 지속되는 평화의 선물이 될 것이다. 참행복 선언의 마지막 항(11절)이 전하는 위로는 예수님의 제자라는 이유 때문에 모욕과 온갖 박해, 거짓 고발 등을 겪는 이들에게까지 확장된다. 그들은 기뻐하게 될 것이다. 그들이 하늘에서 받을 상급은 클 것이며, 종말론적이고 희망을 둘 수 있는 보상일 것이다. 요약하자면, 본문의 '결/맥락을 따라' 읽을 때, 참행복 선언은 내적 태도를 강조하고, 외적인 요구를 제시하며, 하느님의 다스림에서 정의가 어떤 모습인지 이야기한다.

공관복음의 다른 곳에서는 정의가 실현되지 않는다. 복음서의 중심 인물인 예수에 대한 재판에서 공모자, 위증자, 부패한 재판관이 결탁하여 결백한 예수에게 그가 범하지도 않은 죄를 두고 유죄를 선언한다. 세 복음서 모두 살인죄를 지은 바라빠가 자유롭게 풀려나는 이야기를 보도한다. 유다의 법도, 로마의 법도, '무죄' 선고를 내릴 역량이 없다. 결백한 이는 죽임을 당하고, 살인자는 목숨을 구한다(마태 27,26; 마르 15,15; 루카 23,25).

요약하면, '본문과 함께 읽기'는 히브리 성경과 신약성경 모두에서 정의를 피상적으로 이해하게 한다. '결을 따라 읽기'는 성경 본문 자체에 주된 초점을 맞추되, 이를 현대의 독자들이나 그들이 살아가는 21세기 세계화된 세상과 소통하지는 않는다. 이 접근법은 본문의 세계를 받아들이되, 현실과 본문을 형성하였고 지금도 우리의 세계와 현실을 계속하여 형성하는 문화적 견해나 관점들을 밝혀내기 위하여 그 본문의 세계를 살펴보지는 않는다. '결을 따라 읽기'는 '저자'와 본문에 특권을 주고, 본문의 독자들은 무시하는 방식으로 역사 비평을 지지한다. 이 접근법은 본문 너머의 세계와 본문의 세계에 만족하며, 본문이 규범적이고 혹은 권위적이 되도록 허용한다. 성경 본문과 삶이라는 텍스트에서 정의라는 주제는 과거에 의해 규정되고 현재와는 단절된다. 정의의 실천은 점점 더 제한되고, 포용적이지 못하며, 차별적이 된다. 성경의 본문들은 위로하고, 격려하며, 영감을 주기도 하지만, 오늘날 세계와 모든 존재가 직면한 숱한 불의를 재현하는 일부 내러티브나 시는 비판적으로 탐구되지 않은 채 그대로 남는다. 성경의 사상과 표현을 다른 말로 바꾸어 보고자, 수잔 숄츠Susanne Scholz는 소명, 사명, 정의의 일에 대해 고민하며 다음과 같이 질문한다. "성경의 독자이자 해석자인 우리가 정신의 기어gear(역자주: '사고방식'을 뜻한다)를 바꾸어 본문을 새롭게 읽고 재구성하여, 오늘날 우리가 사는 세상에서 벌어지는 사회적·정치적·종교적·지성적 투쟁을 설명하고 그에 참여할 수는 없을까?"(Scholz, 2017, 26에서 각색). 이 질문에 대한 대답을 더 이상 기다릴 수는 없다.

4. 21세기 세계화된 세상에서 정의를 찾아 성경 읽기: 새로운 관점들

2000년, 우리 세상에 무엇인가 놀라운 일이 일어났다. 인간과 인간이 아닌 존재 모두가 21세기, 더 나아가 새천년으로 진입하였다. 이 시기는 이 주해서의 독자들이 세상을 떠난 지 한참 후가 될 3000년까지 이어질 것이다. 새로운 세기, 새로운 천년이 빛나는 희망과 약속을 담아 이제 막 도래하였음에도 불구하고, 성경을 읽고 해석하는 많은 사람은 여전히 19세기, 혹은 중세나 심지어 교부 시대에 살고 있는 듯한 태도로 성경을 대하고 있다. 20세기 말과 21세기 초, 성경 해석 분야는 괄목할 만한 성장을 이루었다. 이는 성경을 과거에 묶어 놓고 마는 경우가 많았던 19세기의 역사비평적 해석에 대한 도전으로 여성, 유색인, 지구촌 남반구 학자들에게 새로운 비판적 해석법이 제기되었기 때문이다. 21세기의 새로운 해석학적 접근법으로는 여성주의feminist 비평/이론과 해방주의적 접근법, 흑인 여성주의womanist와 남미 여성주의(뮤헤리스타mujerista)[08] 접근법, 탈식민주의, 퀴어, 남성성masculinity 및 문화론적 연구, 생태학적 해석학 등을 들 수 있다.

여성주의 비평/이론과 해방주의적 접근법은 본문 안에서 여성의 고유한 중요성에 대해서 고찰한다. 즉, 어느 곳에서 여성들이 발언하거나 하지 않는지, 성경 본문에서 여성이 어떻게 다루어지고 어떠한 은유적 언어로 표현되는지, 히브리 성경의 남성중심적 맥락과 틀 안에서 여성의 문화와 힘과 목소리가 어떻게 묵살되고 침묵을 강요당하는지에 대해 살펴본다. 여성들의 목소리가 본문에 나타날 때에도, 남성 저자들이 여성들을 대변하고 자신의 목소리를 본문에 담아내기 때문에 그 목소리와 언어는 비판적으로 연구된다. 여성주의 비평과 이론은 젠더에 따른 편견, 권력과 통제의 문제, 인종주의, 계급주의, 민족중심주의, 여성에 대한 남성 지배주의, 가부장제, 이성애주의, 장애인 차별주의, 연령 차별주의, 계급적 착취, 동성애 혐오, 이성애 규범성, 그리고 성차별주의 등을 다룬다. 이로써 여성혐오의 이데올로기, 여성에 대한 본질화, 그리고 '외국인' 여성이 묘사되는 방식 등이 드러난다. 에스테르 푹스는 다음과 같이 말한다.

> 여성주의 비평은 히브리 성경(그리고 신약성경)이 단지 남성들에 의해 집필되고, 편집되고, 전수되고, 정경화되었을 뿐만 아니라, 이 책이 가부장제 이데올로기를 지지하고 조장한다는 전제로부터 출발한다. 이 접근법은 성경 속의 여성을 자율적인 행위자이자 주체로 보지 않고, 젠더 위계 담론을 자연스럽고, 심지어는 신성한 것으로 표현하는 남성적 상상력에 의해 재구성된 존재로 인식한다(Fuchs, 16).

더 나아가, "역사적 관점에서 이 접근법은 성경을 단순히 남성중심주의적 문화의 산물로 보는 것을 넘어서서, 여성을 신적인 존재, 지도자가 될 가능성을 지닌 존재, 동등한 존재로 여기던 이전의 문화들을 파괴하고 대체하면서 적극적으로 남성중심주의적 문화를 형성한 텍스트 가운데 하나로 본다”(Fuchs, 16). 또한 이 접근법은 성경 본문 해석의 이차 자료들을 면밀히 검토하면서, 특히 남성 주석학자들이 성경 본문에 대해 무엇을 말하는지, 그들이 언급해야 하는데도 언급하지 않는 것은 무엇인지를 살펴본다. 마지막으로 여성주의 비평은 성경이 어떤 방식으로 주변부 문화와 주변부로 밀어내는 소외화 marginalization 문화를 형성하는지 폭로한다.

두 번째 해석 방법론은 여성주의 학자들의 성과를 도입하면서도 젠더에 초점을 맞추는 연구를 넘어서고자 시도하는 흑인 여성주의 해석학이다. 이 접근법은 맞물린 형태의 억압을 의미하는 교차성 intersectionality을 중시하고, 억압을 보편적이거나 배타적인 것이 아니라 다면적인 것으로 다루는 태도의 중요성을 강조한다. 이 접근법은 경험이 맞물리는 차원, 특히 젠더, 인종/민족성, 계급 등이 교차하는 차원을 언급한다. 흑인 여성주의 연구는 학문적 담론 안에서 아프리카계 미국 여성들이 살아 내는 사회적·문화적·종교적 경험들과 긴밀히 호응하면서, 이들 여성들의 예술적·문학적·지적 산물들을 자료로 삼는다.

흑인 여성주의에 연결되는 세 번째 접근법인, 뮤헤리스타 또는 남미 여성주의 연구는 라틴 아메리카 여성들과 그들의 해방 투쟁에 대한 우선적 선택을 중시한다. 이 비판적 접근법은 남미 여성들의 생존 투쟁과 성경 읽기가 그들의 해방에 기여해야 한다는 확신에 토대를 두면서, 미국에 거주하는 남미 여성들의 삶의 체험을 신학적 자료로 사용한다. 뮤헤리스타/남미 여성주의 비평의 목표는 남미 여성들과 가난하고 억압받는 모든 이를 위한 해방과 충만한 삶이다. 뮤헤리스타/남미 여성주의 비평은 남미 여성들에게 권한을 부여하고 그들이 매일을 살아가는 데에 힘을 실어 줄 본문들을 중시한다. 주요 본문에는 여성이 자신의 삶에 통제권을 쥐고 스스로 의사결정을 내리는 내용, 특히 압제적이고 불의한 권력 체계에 도전하는 모습이 담겨 있다. 그러나 이에 관한 성경의 이야기들은 배타적으로 여성들에게만 해당하는 이야기일 수는 없다. 젠더만이 압제에 관련하여 논할 수 있는 정체성 규정의 유일한 표지는 아니기 때문이다. 뮤헤리스타/남미 여성주의 비평은 성경 본문을 사회적·문화적 맥락에서 배태된 사회문화적 산물로 바라보면서 탐구한다. 즉, 본문들은 특정한 세계의 기호code로 기록된 것이다. 문화 비평은 사회 제도, 가치, 행동, 계급 및 계급 갈등 등을 검토해 보도록 요청한다.

네 번째로 제시할 수 있는 본문 해석의 방법론은 탈식민주의 접근법이다. 이 접근법은 몇몇 성경 본문에 내재한 압제적 태도를 짚어내고, 여기에서 권력자와 피지배자 사이의 복잡한 관계를 드러내는 새로운 텍스트 독법을 찾는다. 근대의 식민주의는 식민지에 대한 경제적 착취뿐만 아니라 그들의 문화적 규범과 가치를 토착민들에게 강요하는 토착지 외부에서 온 소수의 지배층도 형성하였다. 탈식민주의 연구는 성경의 세계 속에 등장하는 제국에 초점을 맞춘다. 예를 들어 성경 속 백성은 이집트, 페르시아, 아시리아 제국의 지배를 받았다. 신약성경의 책들은 로마 제국 시기에 등장하였다. 이 접근법이 던지는 질문들은 다음과 같다. 이 제국주의 세력들이 어떻게 묘사되고 있으며, 성경 본문들은 그들을 지지하는가, 그들에게 도전하는가? 종속된 백성을 위하는가, 지배세력을 위하는가? 탈식민주의 연구는 성경이 식민지 팽창에서 수행한 역할과 식민지에서 성경이 숭상되고 거부되는 양상도 연구한다. 이 접근법은 복원의 작업도 겸한다. 잊히고, 무시당하고, 종종 폄하된 성경의 인물과 본문을 전면으로 가져오는 것이다. 그리고 식민주의의 결과로 부상한 쟁점인 이주, 다문화주의, 국가성nationhood, 그리고 디아스포라 등을 다루면서, 비판적 목소리들이 지배적 담론들과 대화하도록 허락하여 그 담론을 상대화하려 한다.

다섯 번째 접근법은 동성애 혐오라는 의제를 해체하고 성에 관한 기존의 패러다임을 재설정하고자 하는 퀴어queer 연구이다. 이 접근법은 규범성/정상성이라는 사회 관습에 대해 전방위적으로 물음표를 던지면서, 이성애를 규범으로 삼고 동성애를 일탈로 보는 이분법적 정의를 거부하고, 성경을 퀴어인 성적 소수자들의 시선으로 바라본다. 퀴어 이론가들은 사회가 헤게모니적, 이분법적 언어에 기반을 두지 않는 언어를 채택해야 한다고 주장한다. 특히 신에 대한 언어와 담론에 관심을 기울인다.

여섯 번째, 남성성masculinity 연구는 성경 본문에 묘사된 남성성의 본질을 연구하고, 특정 문화권에서 남성에게 주어지는 역할과 기대를 살펴본다. 또한 한 사회에서 권력의 형성과 관련하여 남성성이 어떻게 구성되는지 탐구하고, 군국주의나 군사주의적 처벌의 언어를 분석한다. 이 접근법은 사회가 '남성' 또는 '남성다움'에 대해 어떻게 개념을 형성해왔는지도 연구하면서, 특별히 젠더와 남성성이 어떻게 권력 구조에 내포되어 있는지에 초점을 맞춘다. 남성들이 하나의 집단으로서 특권을 누리는 여러 가지 방식, 그러한 특권에 따르는 대가, 그리고 모든 남성이 그 특권을 누릴 수 있는가 여부 등도 이 접근법의 관심사이다. 중요하게 짚고 넘어갈 점은 생물학적 성sex을 강조하는 '남성/수컷

male'과는 다르게, '남성성'은 젠더를 강조한다는 것이다. 따라서, 남성성에 대한 연구는 생물학적인 남성에게 국한될 필요가 없다. 여성과 젠더에 대한 여성주의 연구에서 영감을 받은 남성성 연구는 젠더의 사회적 형성 과정과 남성들이 젠더와 성 불평등에 어떤 역할을 하는지를 밝혀내고자 한다.

일곱 번째로, 문화론적 연구는 계급 분석과 여러 사회 집단 특히 사회에서 소외된 이들에 대한 연구와 문화 형성 과정에 내재된 권력 투쟁에 대한 인식에 관심을 가진다. 문화론적 연구에 참여하는 이들은 기존의 위계 질서에 질문을 던지면서, 정치·경제 영역에서 힘을 잃거나 소외되어 제대로 평가받지 못한 이들을 옹호하고, 현상 유지status quo에 도전한다. 또한 성경의 독자들이 성경을 사용하여 문화를 형성해 온 방식과 문화가 우리의 성경 독법과 해석을 형성해 온 방식을 연구한다. 문화론적 연구는 전통적으로 주변화된 사람들에게 권한을 부여하는 데 초점을 맞춘다. 덧붙여서, 이 접근법을 통해 성경을 해석하는 방식에는 성경 본문들과 담론을 이해하는 풍성한 자료로 부상한 영화, 게임, 그림, 만화책, 신문, 잡지, 구전口傳 전통, 음악, 연극, 온라인 블로그, 인터넷 웹사이트 등에 대한 연구도 포함된다. 이는 성경이 수 세기에 걸쳐 문화에 어떤 영향을 미쳤는지를 보여 주는 중요한 작업이다.

또 다른 중요한 접근법은 생태학적 연구이다. 이 해석법은 지구별이라고 불리는 생태계 시스템 안에서 독해가 이루어지며, 독자들은 지구의 생명체로서, 지구와 연대하는 지구 공동체의 일원으로 본문을 읽는다. 지구와 그 구성 요소들은 인간의 불의로 고통받을 뿐만 아니라, 정의를 위해 투쟁하는 가운데 인간의 불의에 적극적으로 저항한다. 지구와 지구 공동체 구성원과의 동일시는 본문에 묘사된 하느님과 인간의 손에 의해 자행되는 불의를 의식하게 된다(자세한 내용은 5.1. 생태적 정의 단락을 참고하라).

이 접근법들과 여기에 언급하지 않은 다른 접근법들은 독자들이 '결을 거슬러' 읽도록 준비시킨다. 이 해석학적 접근법들은 독자들이 '본문 앞의 세계'라는 관점에서 성경을 바라보도록 끌어당김으로써 성경과 21세기 지구촌 세계가 서로 대화할 수 있게 이끈다. 이와 같이 다양한 해석학적 접근법은 정의를 위해 성경을 읽을 수 있는 문을 열어 준다.

5. 정의를 위하여 '결을 거슬러' 성경 읽기

앞서 보았듯이, 정의는 성경의 주요 주제 가운데 하나이다. 그러나 성경과 정의라는 주제가 오늘날 우리의 세상에 어떤 의미를 갖고, 성경을 읽는 다양한 문화와 공동체에 호소하려면 특히 가톨릭 독자들과 해석자들 사이에서 과감한 패러다임의 전환이 이루어져야 한다. 가톨릭교회를 드러내는 전형적인 표지는 '정의'이고, 이는 교회의 관심사와 선교 사명 안에서 발전하는 주제이다. 이 분야가 성장하게 된 추동력은 1971년 가을에 개최된 세계주교대의원회의 제2차 정기총회에서 발표된 〈세계 정의*Justice in the World*〉라는 문서이다. 현대 사회 교리의 역사에서 1971년 세계주교대의원회의가 보여 준 가장 핵심적이고 중요한 통찰이 이 문서에 담겨 있다. “정의를 위한 행동과 세계의 변혁에 대한 참여가 복음 선포의 한 구성 요소임은 명백하다. 다시 말해 그 일들은 인류를 구원하고 모든 억압적 상황에서 해방시켜야 하는 교회 사명의 일부인 것이다.” 교회가 정의의 사명을 이루기 위해서는 남성 위주의 패권주의적 교수법 방식의 성경 연구인 스승-제자의 모델과 치료법적 모델에서 벗어나, 철저한 해방적 모델로 전환해야 한다. “이 모델은 본문의 담론적 논의, 사회적·종교적 맥락과 다양한 해석을 탐구하고 재구성하여 끊임없이 변화하는 역사-문화적 상황 속에서 본문이 억압적이거나 해방적/수행적일 수 있는 행위, 가치, 그리고 가능성을 강조한다”(Schüssler Fiorenza, 253-254). 이는 독자들과 해석자들이 역사비평 해석학적 접근법을 넘어서서, 21세기 지구촌 세계의 다문화, 다민족, 다종교, 그리고 세속적 독자들과 성경을 놓고 대화하는 새로운 접근법들을 포괄하는 데로 나아가도록 초대한다. 교회가 정의를 위해 수행할 사명 및 책무는 개종이 아니라 복음화이고, 교회가 소중히 모시는 문서인 성경, 즉 교회가 영감을 받은 권위 있는 문서로 여기는 성경은 정의를 위한 교회의 사명 및 책무와 대화해야 한다. 이를 위하여, ‘결을 거슬러’ 읽기는 정의를 역동적으로 이해할 수 있게 함으로써 교회와 세계의 문화, 더 나아가 지구라는 행성 전체의 변화를 이끌 수 있다. ‘결을 거슬러 읽기’의 출발점은 반드시 지구여야 한다. 지구 행성 전체가 전대미문의 생존 투쟁 속에 휘말려 있기 때문이다. 인간이 지구와 모든 형태의 생명체에 가한 불의는 응답을 요구한다. 눈 가리고 아웅하는 태도로는 정의를 더 이상 가릴 수 없을 만큼 창조 세계, 특히 인간 이외의 생명체의 고통과 아픔은 너무도 크다.

5.1. 생태적 정의Ecological Justice

21세기 지구촌의 가장 긴급한 쟁점은 기후 위기이다. 지상의 가장 작은 유기체에서부터 가장 부유하고 막강한 인간종에 이르기까지 그 영향에서 벗어날 길은 없다. 인간 이외 다른 생명체들에게 가장 크게 느껴지는 기후 위기는 수백 종의 동식물의 멸종을 초래하고 지구의 생명권biosphere을 파괴한다. 해수면은 상승하고, 바다의 수온도 올라간다. 더욱 길어지고 극심한 가뭄은 작물, 야생동물, 담수 공급을 위협하고 있다. 세계 곳곳의 서식지가 기후 변화로 인하여 변화되고, 줄어들고, 녹아내리며, 심지어 사라지기까지 하여, 많은 야생동물 종들은 단지 생존하기 위해 그들이 알지 못하는 곳으로 이동해야만 한다. 강력한 폭풍으로 서식지가 되는 나무들이 파괴되고, 동물들이 익사하고, 위협이 되는 종들이 확산되고, 수중 생태계가 손상을 입는다. 비정상적인 고온과 가뭄으로 동식물 모두 스트레스를 받는다. 근래 들어서 식물과 동물의 생태 주기가 과거의 정상적인 계절 변화와 맞아떨어지지 않는 경우가 늘고 있다. 기후 위기는 지구의 생물 다양성을 가장 크게 위협하며, 이 위기의 책임은 특정 국가와 개인들이며, 그들의 선택으로 지구와 지구상의 수많은 생물체의 안녕이 위협받고 있다. 기후 위기의 요인으로 온실가스 배출, 삼림 벌채, 화석 연료의 연소, 축산업 증가, 불화 가스 및 질소 함유 비료의 사용 등을 들 수 있다. 몇몇 사람은 자신들의 고통과 부담에 대해 목소리를 낼 수 있었지만, 다른 존재들의 목소리는 인간중심적 혹은 남성중심적 문화로 인하여 소리를 내지도 경청되지도 못하였다. 그러나 몇몇 성서학자는 고통받는 지구와 인간 아닌 생명체들의 외침을 듣고서, 인간중심적 태도에서 벗어나 인간 이외의 생명체를 존중하는 새로운 해석학을 발전시켜 이러한 불의에 응답하였다.

20세기를 거쳐 21세기에 진입하여서도, 여성주의 성서학자들은 성경을 생태여성주의적 관점에서 읽는 작업을 지속해 왔다. 하지만 누구보다도 먼저 생태적 해석학을 발전시킨 성서학자는 노만 하벨Norman Habel과 피터 트루딩거Peter L. Trudinger이다. '지구 성경The Earth Bible 프로젝트'(2000-2002년에 하벨이 주도함)에 의거하여, 하벨과 트루딩거가 본문을 읽는 출발점은 지구와 인간이 아닌 생명체이다. 이들의 접근법을 특징짓는 여섯 가지 원칙은 다음과 같다. (1) 우주와 지구 및 그에 속하는 모든 요소가 지니는 고유한 가치 (2) 모든 생명체의 상호연결성(또한 상호의존성) (3) 기쁨을 표현하고 불의에 저항하여 소리를 낼 수 있는 지구의 목소리 (4) 우주와 지구, 그리고 그에 속하는 모든 공동체를 역동적인 우주 설계의 일부로 보고, 그 설계의 전체 목표를 향해 역할을 수행하는 목적성 (5) 관리인으로서 통치 관계가 아니라 동반자 관계로 움직일 수 있는 상호 관계 내에서의 책임성 (6) 지구와 그에 속한 모든 공동체가 인간의 불의로 인해 고통받고 있음을 인식하고 정의를 위해 그러한 불의에 적극적으로 맞서 투쟁해야 한다는 저항의 태도(*Habel and Trudinger*, 2).

비교적 최근에 등장한, 생태적 정의를 위하여 결을 거슬러서 본문을 읽는 생태적 해석학은 《지구 성경 주해서*Earth Bible Commentary*》 시리즈를 탄생시켰다. 이 시리즈는 단순히 생태적 주제들을 연구하고 그에 초점을 맞추는 것을 넘어서서, 지구의 목소리에 귀 기울이고, 지구별을 성경 본문 안의 존재이자 목소리를 내는 존재로서 바라보면서 그 목소리를 복원하려는 보다 몰입적이며 참여적인 해석 과정을 지향한다. 지구에 초점을 맞추는 태도는 압제와 억압을 당하는 이들이나, 인간 이외의 지구 공동체 구성원들의 엄연한 존재에 대한 연구를 포함한다. 이 시리즈는 저자, 편집자, 독자가 가진 인간중심적 편견을 드러내는 의심의 방법론을 도입하고, 지구에 공감하면서 지구와 자기를 동일화하는 방식의 해석학을 적용한다. 성경 전권이 이 새로운 주해서 시리즈에 담겨 있다.

생태적 관점으로 본문을 해석하는 성서학자들이 모두 같은 해석학적 접근법을 따르는 것은 아니다. 힐러리 말로우Hilary Marlow는 아모스 예언서를 탐구한 작업[09]에서, 무생물에 목소리를 부여하는 것의 어려움을 토로한다. 그녀는 이 기법이 인간중심적인 장치일뿐더러, 하느님에게 목소리를 부여하는 것만큼이나 복잡하다고 인정한다. 그녀는 이렇게 고안된 말들이 은유적이라고 인식하면서, 은유가 수사적 장치에서 해석학적 도구로 전환될 수 있다고 주장한다. 그렇게 되면 인간 공동체는 지구를 단순히 소유물로서가 아니라 동반자이자 공동 창조자로서 바라볼 수 있다는 것이다. 말로우는 아모스서에 쓰인 비유와 직유가, 특히 아모스가 강조점을 두고 있는 의사소통의 관점에서, 얼마나 본문에 생기를 주는지를 보여 준다. 따라서 말로우는 아모스서를 생태적 관점에서 읽을 때 지구의 목소리가 예언자의 목소리가 된다고 결론 내린다. 이렇게 예언서를 읽는 방식은 성서학자들이 대예언서와 소예언서들을 해석하는 방식을 재검토하도록 촉구한다. 또한 그러한 독법은 예언서 전통 전체에 적용할 수 있는데, 그 전통을 한층 우주적인 영역으로 나아가도록 이끌면서 동시에 좀 더 포용적이고 예언자적이게 만든다.

본문을 생태적 정의의 차원에서 읽는 또 다른 성서학자는 엘렌 데이비스Ellen Davis[10]이다. 그는 이스라엘에서 가장 먼저 예언서를 쓴 저자들이 농부가 틀림없다고 보았다. 매튜 쿰버Matthew Coomber[11]는 토지와 토지 소유권이 세계화와 지니는 관련성과 지구의 가난한 이들에게 끼치는 영향에 초점을 맞춘다. 앤 엘비Anne Elvey는 물질주의적 생태 해석학에 초점을 두고서 성서학자들에게 다음과 같은 도전을 제시한다.

> 탈식민주의적 읽기는 본문을 생산하고, 재생산하며, 해석하는 과정에 작용하는 문화적 타자성의 여러 층위에 주목한다. 생태적 물질주의 접근법은 독자가 본문이라는 물질과 감각적으로 교감할 수 있도록 본문에 열린 자세를 취할 수 있다. 어떤 학자들은 읽기와 더불어 본문의 물질성을 중시하는 해석과 집필 방식을 통하여 연구해야 할 필요도 있다. 또한 본문과 본문 해석의 물질성을 예술가들과 협력하여 창의적인 방식으로 통합하고, 무엇보다도 본문 자체와 성경을 대량 생산하는 기업형 출판사들과 같은 현재의 본문 생산자들이 생태계에 진 빚에 대하여 질문해야 할 수도 있다.[12]

일레인 웨인라이트Elaine Wainwright는 본문을 생태적으로 읽는 또 다른 방식을 제시한다. 그녀는 생태학적 읽기를 심오한 관점의 변화, 즉 로레인 코드Lorraine Cod가 처음 언급한 '생태적 사고'라고 불리는 새로운 사회적 상상성a new social imaginary을 구성하는 과정에 위치시킨다. 마태 2,1-12에 대한 연구에서, 웨인라이트는 "마태오 본문의 생태적 질감 안에서 다양한 차원을 지닌 '거주 환경habitat'에 주의를 기울이고" "마태 2,1-12을 새로운 상상성을 불러오는 방식으로 읽는 새로운 접근법"을 제공한다. "이는 마태오 본문에서 거주 환경에 대하여 주의를 기울이도록 초대하는 독법이다"(Wainwright, 167).

티나 디케스틴 닐슨Tina Dykesteen Nilsen과 안나 레베카 솔레버그Anna Rebecca Solevåg는 생태학적 해석학 방법론 전체를 또 다른 방향으로 이끈다. 그들은 생태학적 해석학을 한층 넓게 정의 내리고, 지구 성경 프로젝트의 원칙에 대한 대안으로 활용할 수 있는 전 지구적, 종교 간*interreligious* 성찰의 출발점을 제시한다. 그들은 '결을 거슬러 읽기'에 기반한 이 원칙들이 '의심suspicion'과 '회복retrieval'이라는 개념과 결합되어 있으며, 이는 1980년대 엘리자베스 쉬슬러 피오렌자Elisabeth Schüssler Fiorenza가 제창한 여성주의 성경 해석학에서 영감을 받았다고 지적한다. 그러나 닐슨과 솔레버그는 오늘날의 세상이 당시와 달라졌으며, 하벨과 트루딩거의 의심, 자기동일화, 회복의 세 단계가 "'지구의 목소리'를 회복하는 데 지나치게 몰두한 생태적 해석을 강요하는 다소 제한적 방식"이라고 지적한다.[13] 그들은 생태학적 성경 해석학이 학제 간 연구의 통찰을 수용하고 다양한 접근법과 방법론들과 소통함으로써 더 큰 혜택을 얻을 수 있다고 보면서, 생태학적 성경 해석학과 탈식민주의 성경 해석학의 통찰들을 통합하는 접근법인 '생태식민주의ecolonialism'를 옹호한다. 이 접근법은 땅, 동물, 식민지배자, 원주민, 그리고 성경을 연결하는 해석을 가능하게 하며, 궁극적으로 모든 생명공동체를 위한 전 지구적 생태 정의를 추구하는 독해를 중심에 둔다.

호주 학자인 앤 엘비Anne Elvey와 키스 다이어Keith Dyer는 전쟁의 생태적 측면을 다루며 창세기, 사무엘기 상·하권, 예레미야서, 애가, 요엘서, 루카복음, 그리고 요한묵시록 등에서 선택한 구절들을 분석한다(Elvey and Dyer 2017). 이 본문들은 중동에서 드론의 사용, 감시와 교전, 제2차 세계대전 초기 기록과 당대 현지인의 증언, 이스라엘-팔레스타인 분쟁으로 인해 시리아와 팔레스타인 지역에서 벌어지는 폭력적 참상을 보여 주는 사진들, 전쟁 이데올로기, 제국주의적 패권주의와 이것이 환경에 미치는 영향, 제국주의적 생태신학과 이것이 국가들에 미친 영향 등 다양한 주제와 연결된다. 엘비와 다이어가 책의 서론에서 제기하는 질문들은 오늘날 지구촌으로 바뀐 세상에서 성경 본문을 정의의 관점에서 읽고자 하는 이들 모두에게 의미심장하다. 그 질문들은 이러하다. "성경 본문 자체가 우리가 이어받고 악화시켜 온 참담한 상황에 대해 책임이 있는가? 오히려 수 세기에 걸친 남성중심의 해석과 같은 본문을 지구별과 그곳의 민족들에 대한 제국주의적, 식민주의적 착취를 뒷받침하기 위하여 남용한 것을 비판해야 하는가?"(Elvey and Dyer, 1). 대답은 간단하다. 성경 본문에는 잘못이 없다. 문제는 사람들이 성경 본문을 권위 있게 사용하고, 그들의 편견을 강화하고, 권력있는 지위를 보존하고, 타인들을 차별하고, 억압하고, 식민화하는 불의한 태도, 체제, 구조, 종교적·사회적·정치적 정책들을 지지하고 영속화하기 위하여 이 본문들을 해석하는가에 달려 있다. 엘비와 다이어의 책은 정의와 성경 간의 대화에 크게 기여한다.

요약하면 지구가 겪는 전 세계적 고통 때문에, 경우에 따라서는 그 고통을 체험하면서 몇몇 성서학자는 그들의 안전지대에서 떨어져 나왔고, 그 결과로 지구별을 대변하는 정의를 위한 놀라운 연구들이 이어졌다. 더 이상 독자와 해석자는 성경 이야기에서 죽어가는 물고기(탈출 7,21), 종기에 시달리는 가축(탈출 9,10), 우박으로 끔찍하게 고통받는 동식물(탈출 9,22-26)과 같이 인간을 불의의 사슬에서 해방하기 위한 맥락에 등장하는 인간 이외 생명체들의 존재와 고통을 무시할 수 없게 되었다. 루카복음에서는 마귀들이 어떤 사람에게서 나와 돼지 떼 안으로 들어가자 돼지들이 가파른 비탈을 내달려 호수에 빠져 죽는 장면이 나온다(루카 8,26-39). 인간이 구원받고 건강을 회복하기 위하여 자연 세계가 고통을 받는다. 이 이야기들을 인간중심적으로 읽는다면 우리는 인간들의 행복을 기뻐할 것이다. 생태 여성주의 관점은 침묵하는 자연 세계, 그에 가해지는 억압을 보고, 인간 이외 생명체들을 위한 정의에 대한 경고를 울릴 것이다. 생태적 정의를 위한 해석은 인간을 인간 이외의 생명체 위에 두고, 인간 이외 생명체들이 인간의 안전과 안위와 번영을 위하여 어떻게 착취되는지를 고려하지도, 그에 대해 언급하지도 않은 채, 인간의 행복만을 경축하는 인간중심적 태도, 독법, 해석법을 고발한다.

5.2. 젠더 정의Gender Justice

21세기는 젠더와 성차별이 얼마나 심각하게 세계화된 현실 속에서 작동하고 있는지를 더 깊이 의식하고, 인식하며, 이해하도록 촉구한다. 많은 사람이 문화·정치·사회·경제·종교 체제와 구조 아래서 억압과 차별, 식민화에 투쟁하며 고통받고 있다. 주변부로 밀려난 사람의 권리는 쉽게 박탈되고, 권력과 특권은 밀착된다. 주로 남성과 여성 사이의 불균형한 권력 관계의 쟁점인 젠더 불평등은 인권을 침해하고, 선택과 주체성을 제약하며, 사람들이 사회·정치·경제적 발전에 참여하고, 기여하며 혜택을 누릴 수 있는 능력에 부정적 영향을 준다. 젠더에 관련된 불의는 여성들과 소녀들에게 가장 심각하게 나타난다. 여성들은 특히 가정과 직장에서 차별에 직면한다. 세계의 빈곤층에 여성이 압도적인 다수를 차지하며, 전쟁과 갈등의 시대에 심각한 피해를 입는다. 하지만 여성은 평화 협상이나 정치적 의사결정에 참여하는 비중이 매우 낮다. 문화적 제약은 종종 여성의 이동과 의료 서비스 접근을 방해한다. 셀 수 없이 많은 소녀와 여성들이 여성 할례를 당하고, 소녀 시기에 집안의 남성 가장에 의해 폭력적으로 혼인을 강요당한다. 그러나 젠더 불평등의 영향이 주로 여성들과 소녀들에게 미치긴 하지만, 그들만의 문제는 아니다. 젠더 불평등이 남성들과 소년들에게 불필요한 부담을 지우기도 한다. 경제와 정치 권력이 소수의 엘리트에게 집중되고, 공동체 전체의 갈등과 이주가 발생하며, 기후 변화가 야기하는 불확실성과 천연자원의 고갈이 발생할 때, 남성들은 사회가 그들에게 부여하는 전통적인 젠더 역할의 기대에 부응하기가 점점 더 힘들어진다. 젠더 정의正義는 젠더 때문에 불의를 겪는 모든 이에게 더 큰 자유와 행복을 가져다준다. 젠더 정의를 위해 성경의 결을 거슬러 읽는 방식은 서로 얽힌 억압의 현실을 해체하기 위한 첫걸음이다.

젠더 정의 논의의 핵심은 젠더 이분법적 구조와 그와 관련한 다양한 인간 관계이다. 젠더에 대한 이성애 규범적인 이분법 구조가 처음 등장한 곳은 창세기의 창조 이야기이다(창세 1-2장). 인간 이외의 존재의 창조와 관련해서는 젠더 이분법이 함축적으로 나타난다. "남자와 여자로 그들을 창조하셨다"(창세 1,27). 인간 외의 생물체와 마찬가지로 인간도 자식을 많이 낳고 번성하라는 말씀을 듣는다(창세 1,28). 남성이 여성보다 먼저 창조되고(창세 2,22-23), 남성이 여성에게 이름을 지어 줄 때 여성은 침묵하는 장면(창세 2,7)에서 젠더 이분법은 분명히 드러난다. 이러한 젠더 이분법 구조는 이후 남성 젠더에게 호의적이고 그에게 특권을 부여하는 가부장적 이성애 관계(창세 2,24-25)로 이어진다. 예를 들어 창세 3,16에서 남성인 신이 여성에게 남성인 배우자가 그녀를 지배할 것이라고 말한다. 더 나아가 남성은 이들 '첫 번째 한 쌍' 사이에서 생식의 행위를 주도하고, 이는 두 남성 자녀, 카인과 아벨의 출산으로 이어진다(창세 4,1-2). 남성은 계속해서 성적 행위를 주도하는 이가 된다(창세 4,17 참조). 여성은 임신의 과업을 부여받는다. 따라서 이성애 규범적인 젠더 이분법 안에서 남성들은 특혜를 받고 특권을 누리며 지배력을 행사하며, 남성과 여성 모두 특정한 역할을 수행한다.

젠더 이분법 안에서 남성의 특권은 지속되고, 심화되고, 강화되고, 권력과 연계되면서, 성적으로 유린당한 여성이 낳은 남성 자녀가 자신의 아버지와 신에게 '원치 않는' 존재가 되는 지경에 이른다(창세 12,1-9; 15,1-21; 17,1-27: 특히 16절; 18,1-15: 특히 9-10절). 아브람, 사라이, 하가르를 둘러싼 인간 관계의 역학은 창세 12,1-9에서부터 시작된다. 아브람은 남성 신에 의해 하느님의 축복과 계약의 수혜자로 선택된다. 계약이 온전히 실현되기 위해서는 아브람이 계약을 상속받을 후손을 낳고, 그 자손 역시 상속자를 낳아야 한다. 그러나 아브람의 아내인 사라이는 남성 신이 그녀의 출산을 막았기 때문에 자식을 낳는 역할을 수행할 수 없다(창세 16,2). 남성 신은 사라이가 남성에게 접근하는 것을 통제하고, 그녀의 출산력도 결정한다. 여기서, 여성은 '축복받지 못하고', 불임이기에 성적으로 '결함이 있고', 이 때문에 생산도 못하고 불모의 존재인 반면, 남성은 호의와 축복과 생식력을 유지한다. 가부장제 문화에서 사라이는 아이를 낳을 수 없기 때문에 하가르보다 열등한 존재로 여겨진다. 더 나아가, 여성이 아이를 낳을 수 있는가 여부는 남성 지배를 자연스럽게 하고 정당화하는데, 특히 여성의 자궁이 갑작스럽게 남성 신에 의해서 '열리게 될 때' 그러하다.

자신의 불능을 인식한 사라이는 하가르의 의견을 묻지 않은 채, 하가르가 아브람에게 후손을 낳아 주기를 희망하면서, 그녀를 아브람에게 주어 성관계를 맺도록 한다. 하가르는 계급, 민족성, 권력, 남성성, 성폭력이 교차하는 상황 속에서 사라이와 아브람의 노리개가 된다. 하가르는 노예로서 사라이의 여종이고 이집트인이다. 그 때문에 사라이는 하가르에게 권한을 지닌다. 아브람은 남성으로서 그녀에게 권한을 지닌다. 남성 신과 계약을 맺은 아브람은 약속의 수혜자로서 상속자를 낳아야 한다는 압박을 받는다. 아브람의 미래, 생식 능력, 남성성이 위협받고 있다. 하가르는 지위나 민족성, 젠더의 입장에서 아무런 힘이 없는 존재이기에, 그녀의 주체성은 손상되고, 성적인 목적으로 접근하는 아브람을 거부할 수가 없다. 그는 하가르를 성적으로 범하고 그녀는 임신을 한다. 여기서 젠더와 성적인 성은 남성의 삽입력에 의해 구축된 위계적 연속성 안에서 가부장제와 교차한다. 하가르의 목소리는 들리지 않는다. 그리고 임신하여 아이를 낳을 수 있다는 이유만으로 그녀는 사라이보다 더 가치 있는 여성이 된다. 더욱이 사라이에게는 불가능한 출산을 한 하가르는 사라이에게 갖은 구박을 받으며 그로 인해 고통을 겪는다(창세 16,6.9). 그러나 사라이가 임신하여 아들을 낳고, 하가르와 그녀의 아들을 내쫓을 것을 요구하자, 결국 하가르는 거주지와 경제적 안정을 잃게 된다(창세 21,1-21). 하가르는 이주민 한부모가 되었고, 그의 아들은 계급과 민족성 때문에 계약을 이어받지 못한다. 민족성과 계급의 차이가 두 여성과 두 아이를 구분하고 갈라놓는다. 이후, 하가르는 적극적으로 나서서 그녀의 아들에게 이집트 땅에서 아내를 얻어 준다(창세 21,21). 가부장적 문화에서 여성은 남성의 소유재산이다. 사라이와 하가르는 아브람의 소유물인 것이다. 하가르가 아들을 위해 여성을 데려오는 행위는 가부장제가 이성애 규범성을 낳는 이성애 관계와 더불어 문화 안에서 어떻게 영속되는지를 보여 준다. 한 여성이 다른 여성을 소유물로 취하여 다시금 한 남성에게 소유물로서 넘겨준다. 사라이가 하가르에게 가한 강압적 권력 행사나 하가르가 아들에게 아내를 얻어 준 행위 모두는 젠더와 무관하게, 가부장제가 여성에게도 깊이 내면화될 수 있는지를 보여 주는 예이다.

여성주의 학자인 에스테르 푹스는 "히브리 성경은 남성들에 의해 집필되고, 편집되고, 전수되고, 정경화되었을 뿐만 아니라, … 가부장제 이데올로기를 승인하고 촉진하기도 하였다"(Fuchs, 16). 더 나아가, 푹스는 성경의 여성들은 독립적인 행위자나 주체가 아니라, "남성의 상상력이 낳은 산물로서 젠더에 기초한 위계 질서의 담론을 자연스럽고 심지어 신성한 것으로 여기는 존재"라고 본다(Fuchs, 16). 요약하면, 남성중심주의 및 헤게모니, 젠더 이분법, 젠더 위계 질서, 남성의 삽입력에 기반한 위계적 연속체로서의 젠더와 섹슈얼리티sexuality, 이성애 규범적인 이성애, 가부장제, 계급, 그리고 민족성 등의 모든 것이 표면화되고, 이 창세기의 이야기들 안에서 교차된다. 이 이야기들은 체계적이고, 구조적인 불의의 깊이와 넓이를 보여 준다. 그 불의의 그물망은 걸려든 남녀 젠더 모두에게 영향을 미치지만, 특히 여성에게 큰 고통을 준다. 이와 같은 구조와 교차성은 창세기뿐만 아니라 구약성경과 신약성경의 다른 책에서도 나타난다.

젠더 이분법과 그에 관련된 인간의 상호 관계는 예언서들에서도 이어진다. 특히 몇몇 주석가는 하느님과 이스라엘/예루살렘/시온의 계약 관계를 '혼인' 은유로 해석한다. 특히 호세아서, 예레미야서, 에제키엘서 등에서 그러하다. 남성중심적 관점으로 읽는 사람은 호세아서에 나오는 이른바 혼인의 은유를 종종 이스라엘에 대한 하느님의 변함없는 사랑으로 해석하면서 제멋대로 행동하는 백성의 불충실에도 불구하고 하느님이 이스라엘을 거두신다고 여긴다. 이 관계에서 남성 신 하느님은 항상 충실하시고, 이스라엘/유다/예루살렘은 항상 불충하다. 불충은 끔찍한 처벌을 가져온다(호세 2,1-15). 패권주의적 권력이 발산되고, 남성 배우자는 여성에게 가했던 업신여김, 학대, 폭력 행위에 대해 후회하거나 회개하지 않는다(에제 16장). '남편'은 단지 '자신의' 아내를 다시 데려오고, 그녀는 말없이 순종하며 계약-혼인의 관계로 돌아온다. 호세 1-3장과 에제 16장과 같은 본문들을 남성중심적 관점에서 읽는 것은 여성에 대한 남성의 폭력 문화와 여성에 대한 가부장제 패권주의적 통제를 모두 정당화한다. 데린 게스트Deryn Guest는 "여성/이스라엘의 이미지가 여성에게 주어지는 변덕과 고의적 악의성이라는 편견에 기반한다면, 배우자에게 배신당한 남편으로서 남성 호르몬에 의한 폭발적 분노를 터뜨리는 신의 이미지는 남성성에 대한 문화적 이해에 토대를 둔다"고 지적한다.[14] 에스테르 푹스, 앨리스 키프Alice Keefe, 윌다 가프니Wilda Gafney, 게일 이Gale Yee, 이본느 셔우드Yvonne Sherwood, 줄리아 오브라이언Julia O'Brien 등의 여성주의와 흑인 여성주의 히브리 성경 학자들은 히브리 성경에서 소위 혼인의 은유에 관한 세부적 주제에 관하여 광범위한 연구를 수행했다.

열두 소예언서에 관한 주석서에서, 마이클 카든Michael Carden은 이른바 혼인의 은유를 퀴어의 관점에서 바라보면서 또 다른 해석을 제시한다. 그는 "가혹한 일부일처제와 병적인 가부장적 이성애에 대한 본문의 강박적 강조"(Carden, 446)로 인해 몇몇 반론 지점, 또는 그가 '균열slippage'이라 부르는 것이 발생한다고 본다. 그는 주석가들이 고메르의 문란함에는 주의를 기울이면서도, 야훼의 일부일처제에 대해 질문을 던지는 경우는 별로 없는 듯하다고 지적한다. 그는 또한 특히 다수의 처와 첩을 둘 수 있는 남성에게 일부다처제가 허용되어 있다면,

고메르로 대표되는 이스라엘이 야훼의 유일한 '아내'인지 질문한다. 카든은 호세 2장의 환상이 전개되면서 여호와와 바알 사이의 경계가 무너질 때 신성한 혼인의 모티프가 붕괴된다고 본다(호세 2,18). 이본느 셔우드는 카든의 견해를 따르면서, 호세 2,18에 나오는 바알과 야훼의 대조를 신과의 새로운 차원의 친밀감으로 보는 해석에 대해 의구심을 표한다. 그러한 친밀감은 경쟁 관계의 종교집단에서 발견되지 않는다는 것이다.[15]

이사야서에서 '아내'로서 시온/예루살렘은 자율성이 전혀 없는 존재이다. 그녀는 신의 '트로피 같은 아내'로서, 쏟아지는 신의 선물을 받아, "주님의 손에 들려 있는 화려한 면류관, 하느님 손바닥에 놓여 있는 왕관"(이사 62,3)이 된다. 또한 아담이 그의 아내를 '하와'(창세 3,20)라고 이름 지어 주듯이, 시온도 그녀의 남성 '남편'으로부터 '내 마음에 드는 여인'(이사 62,4)이라는 새 이름을 받을 것이다. 그가 '그'의 기준과 규범에 따라 '그녀'를 개조하고 재창조하였기에 그녀는 그 남성의 기쁨이 된다. 하와처럼, 시온도 자기 목소리를 내지 못한다. 둘 다 남성 배우자의 선택을 수용하고 따르는 모습을 보인다.

윌리엄 로더William Loader의 연구는 신약 시대의 혼인과 성적 관계에 초점을 둔다. 그는 창세기의 창조 이야기들이 신약성경에 미치는 영향을 검토하면서 혼전 성관계, 근친상간, 근친혼, 일부다처제, 간음, 그리고 이혼과 같은 혼인 관련 주제들을 논한다. 혼인은 바오로계 문헌에서도 주제로 다뤄진다(1코린 7,1-16; 에페 5,21-33; 콜로 3,18-19). 혼인에 관한 지시들은 아내에게 남편에게 순종할 것을 요구하고, 구약성경의 혼인 관련 언급과 은유들이 그러하듯, 신약성경의 바오로계 문헌에서도 이성애 중심적이다.

요약하면, 소수의 예외적 상황을 제외하고 하와, 사라이, 하가르, 하가르가 아들 이스마엘에게 준 여인, 그리고 야훼-이스라엘의 은유적 관계에 표상되는 여성들은 거듭하여 남성의 소유물로서 등장한다. 이들 남성들은 여성들이 성폭행(창세 34,1-24)을 당하고, 인신매매(예를 들어 아모 2,7)되고, 간음녀(잠언 7장)로 여겨지고, 전쟁의 희생양(예를 들어 아모 1,13)이 될 때까지 여성들에게 경제적·정치적으로, 가정 내에서, 그리고 성적으로 권력을 행사한다. 그러나 남성들은 신의 축복을 받는 존재로서, 남성의 삽입력에 토대를 두는 위계 질서의 지속 체제를 구축하여 여성보다 더 높은 지위를 누리고 왕, 왕자, 재판관, 예언자, 현자, 사도, 설교가, 그리고 심지어 종교 전체의 전통까지 떠받치는 주춧돌(마태 16,18-20)이 된다. 이 전통에서 메시아는 "하느님의 아드님"과 동일시된다(마르 15,39). 이 외에도 가부장제 사회에서 남성은 율법 교사, 율법학자, 행정관, 백인대장, 세리, 부유한 지주, 그리고 황제의 지위를 지닌다. 젠더 정의를 위한 읽기는 독자와 주석가에게 성경 안에 거듭 새겨진 다양한 사회적 태도, 규범, 사고방식을 성찰하고 해체할 것을 촉구한다. 오늘날 성경을 무비판적으로 읽거나 '결을 거슬러' 읽지 않을 때에, 그것은 불의하고 억압적이며, 배제적인 태도, 체제, 구조, 사고방식 등을 권위주의적인 방식으로 정당화하는 도구로 사용될 수 있기 때문이다. 이는 특히 젠더와 섹슈얼리티에 대하여 그러하다. 패권주의적 남성 권력은 오늘날에도 여러 정치, 사회, 경제 기관에서 지배적으로 활성화되어 있다. 여성들을 지적·경제적·신학적·영적·성적으로 차별하고, 이용하고, 학대하고, 유린하고, 식민화하는 서구의 일부 종교 전통, 교파, 기관 등에서 두드러진다. 이성애 관계를 전면에 내세우는 성경 본문들을 해석하고 읽는 이들은 이 본문들을 이성애적 젠더 이분법을 규범으로 확립하고 혼인에 관한 규범들을 제도화하는 데에 사용해 왔다.

최근 여러 학자들이 유대교 전통과 오리게네스를 포함한 일부 그리스도교 기록에서도 발견되는 증거를 제시함으로써 이성애적 젠더 이분법을 해체하기 시작하였다. 이 기록에 따르면, 최초의 인간은 남성이 아닌 양성적 존재였으며, 이후 신에 의해 분리되었다. 마이클 카든은 "카발라Kabbalah(역자주: 유대교 내의 신비주의 사상) 전통은 반드시 이성애를 전제하지 않으며, 오히려 좀 더 다양하고 평등한 성적 정체성을 위한 공간을 준다"(Carden, 27)고 주장한다. 샐리 그로스Sally Gross도 라삐 유대교가 모든 사람이 남성 혹은 여성으로 태어난다고 보지는 않는다고 지적한다. 첫 번째 인간의 신체적 성은 아직 분명한 성기가 존재하기 않았기에 판별할 수 없으며, 두 번째 인간인 여성은 자궁 없이 태어난다.[16] 카든은 그리스도교에서 자웅동체도 인간의 범주로 인정받았다는 점을 들어, 그리스도교 전통이 두 가지 이상의 성이 존재한다는 사실을 알고 있다고 말한다. 21세기 젠더 정의正義를 위한 독해로 비추어 볼 때, 카든의 언급은 눈에 띈다.

> 최근 변화된 것은 중성intersex으로 태어난 신생아에게 외과적 시술을 통해 젠더를 지정함으로써, 전통적으로 중성의 개인에게 주어졌던 선택권이 박탈되었다는 것이다. 실제로 그러한 외과 시술은, 서구 그리스도교 안에 깊이 자리한 동성애 혐오와 동성애 공포를 드러내며,

> 남성과 여성이라는 경직된 젠더 이분법을 더욱 강화하는 결과를 초래한다(Carden, 27).

신약학자 로버트 고스Robert E. Goss도 젠더 이분법을 자연스럽지 않은 것으로 보면서 21세기를 위한 또 다른 새로운 관점을 제시한다. 그는 에페소서를 퀴어의 관점으로 분석한 후, 혼인에 대해 다음과 같이 요약한다.

> 혼인은 가부장적 제도로서, 교회로부터 축복받고 법적으로 인정받는 두 가지 젠더 사이에 맺어지는 위계적 질서의 관계이다. 동성 간의 시민 결합civil unions과 혼인의 시대가 도래하면서, 퀴어인 사람들 사이에 혼인 평등권을 위한 투쟁에 뛰어들었다. 에페소 공동체는 가부장적 가정 규범을 채택하여 그리스 로마 사회에 적응하려고 시도하였다. 심지어 저자는 그 가정 규범을 그리스도가 교회를 사랑한 모델에 기초해 그리스도교화하려 했으며, 이 혼인의 위계를 정당화하는 가부장적 해석은 수 세기 동안 규범으로 작용해 왔다. 여기에 퀴어 그리스도교 공동체에 대한 경고가 담겨 있는가? 혼인이라는 모델을 재조정하되 상호성, 평등, 유연성, 또는 개방성을 우리의 관계 속에 담을 수 있는가? 우리의 관계, 가족 및 친밀한 동반자 관계에 대한 창조적 사고를 희생시키지 않으면서도 혼인의 법적 혜택과 특권을 얻어낼 수 있는가? 다른 방식으로 구성되는 관계들을 허용하고 지지할 수 있는가?[17]

고스의 논평과 질문은 이제 더 이상 무시되거나 간과될 수 없다. 가부장제 체제와 구조가 해체되고 젠더 정의가 실현되기 위해서는 지배적인 남성 시각을 '거슬러 읽는' 성경 해석부터 시작해야 한다. 현재까지 100가지 이상의 젠더가 존재한다. 우리는 이를 인정하고 관심을 가질 필요가 있다.

마지막으로 관계와 혼인 생활에 빈번히 나타나는 가정 내 폭력에 대해 언급하고자 한다. 신에 대한 은유적 남성의 언어와 '신성한' 것으로 여겨지는 패권적 특성은 쌍을 이루어 여성에 대한 폭력을 영속화한다. 성경 본문을 그저 '결에 따라' 특정 종교의 관점으로 읽는 것은 더 이상 용납될 수 없다. 본문을 탈식민적으로 분석하여 그에 내재된 폭력에 대응하려는 노력 없이, 그저 영적으로만 해석하는 것도 더 이상 용납될 수 없다. 전 세계적으로 여성과 소녀들은 폭력, 차별, 성폭력에 계속 직면해 있다. 그중 어떤 이들은 재산을 상속받지 못하고, 다른 이들은 남편이나 동거남에게 복종하도록 강요당한다. 그들의 목소리는 묵살당하고 그들의 주체성은 약화된다(유엔 보고서, 《변화하는 세계 속 가족》, 2019 참조). 젠더 정의를 위한 읽기는 단순히 '읽는' 행위에 그치지 않는다. 실제 행동praxis을 요구한다.

5.3. 재생산 정의Reproductive Justice

2020년 9월 17일 기준 통계와 인구 조사 정보에 따르면 세계 인구는 약 78억 1,700만 명에 달한다. 인구는 2040년에서 2050년 사이에

80억에서 105억 명에 이를 것으로 예측되고 있다. 생태학자들과 과학자들은 지난 300년 동안의 이러한 급격한 증가 추이를 보며, 현재의 인구 증가 추세가 지속된다면 지구가 미래에는 물론 현재 인구를 감당하기에도 부족할 것이라는 우려를 제기한다. 인구 과잉, 과소비, 오염, 기술의 확산 등 인간이 환경에 미치는 영향 때문에 과학자들은 지구가 인류세(人類世, Anthropocene)라고 하는 새로운 지질학적 시대에 진입했다고 본다. 출산율의 증가, 여성의 건강, 지구의 건강, 그리고 여성의 몸을 지배하고 여성이 인간으로서 지니는 재생산할 권리 및 그에 대한 선택을 부정하려는 정치적, 종교적, 사회적 시도들이 교차하면서 재생산 정의reproductive justice에 대한 논의가 절실하게 되었다. 어떤 사람들은 여성의 타고난 재생산의 권리를 옹호하거나 부정하기 위하여 성경을 사용한다. 재생산 정의를 위하여 21세기에 '결을 거슬러' 성경을 읽는 것은 정의의 문제이며, 특히 유색인 여성에게 중요한 과제이다.

1994년, 스스로를 '재생산 정의를 위한 아프리카계 여성들Women of African Descent for Reproductive Justice'이라고 칭한 흑인 여성 단체가 만든 '재생산 정의'라는 용어는 현재 미국 남부에 본거지를 둔 전국 단위 단체인 시스터송SisterSong의 사업과 사명을 정의하는 핵심 개념으로 자리 잡았다. 1997년 결성된 이 단체는 아메리카 원주민, 아프리카계 미국인, 라틴계 미국인, 아시아계 미국인 등으로 구성된 작은 공동체 네 곳에서 비롯되었다. 시스터송은 카이로에서 열린 인구와 개발에 대한 국제 회의에 대한 응답으로 만들어졌으며, 이 회의에서 전 세계는 '자신의 가족 계획을 스스로 결정할 수 있는 권리가 세계 발전의 핵심이라는 데 합의하였다. 시스터송은 재생산 권리를 사회 정의의 관점에서 바라본다. 이들의 목적은 "소외된 공동체, 특히 유색인종의 재생산 삶에 영향을 미치는 제도적 정책과 체계를 개선하기 위해 개인과 단체의 효과적인 네트워크를 구축하는 것"이다.[18] 재생산 권리와 사회 정의를 연결 지으면서, 시스터송은 재생산 정의를 "개인의 신체 자율성을 유지할 인간의 권리, 자녀를 갖거나 갖지 않을 권리, 우리의 아이들을 안전하고 지속 가능한 공동체에서 양육할 인간의 권리"라고 규정한다.[19] 시스터송이 이해하는 재생산 정의는 유엔이 국제적으로 인정한 세계 인권 선언에 토대를 둔다. 이 선언은 개인의 권리와 그 권리들을 보호하기 위한 정부의 책임을 상술한 포괄적인 법률 체계이다. 시스터송은 재생산 정의를 선택이 아니라 접근성에 관련된 인권이라고 이해하면서, 권력의 구조를 분석하고, 교차하는 억압들을 해결하며, 가장 소외된 이들을 중심에 두고, 억압받는 모든 이의 해방을 위하여 다양한 쟁점과 정체성들을 아우르는 연대를 통해 재생산 정의를 위해 노력한다.

구약학자인 수잔 숄츠는 21세기 전 지구적 '재생산 정의' 담론에 성경을 접목한다. 숄츠에게 성경은 '종교, 문화, 정치의 강력한 상징'이며 '재생산 정의에 대한 사고, 성찰, 분석을 날카롭게 해 줄 수 있는 소중한 자원'이다.[20] 많은 성경의 독자와 해석자들은 재생산 정의를 옹호하거나 거부하는 자신의 입장을 지지하기 위하여 이 책을 계속해서 사용한다. 민수 5,11-31의 해석에 대한 숄츠의 주석 소론은 여성주의 재생산 정의의 해석학에 기반을 둔다. 숄츠는 독자들의 관심을 이야기 안에서 가장 소외된 인물인 강간 피해의 생존자 여성에게 돌린다. 이로써 성폭력에 대한 여성의 경험을 재구성하여 이 이야기를 읽던 전통적 방식에 도전한다. 또한 남편의 질투 어린 분노를 사제로 표상되는 종교적 권력과 교차하는 감정적 폭력의 형태로 다루어 여성이 겪어야 하는 겹겹의 억압을 상호 연결하여 표현한다. 또한 민수 5,11-31에서 사제와 정결 담론으로 대변되는 권력 체제를 분석하고, 사제가 여성에게 주는 흙먼지를 탄 쓴 물이 지닌 본문의 이미지를 약초로 된 낙태약의 처방과 제거로서 재해석한다. 숄츠에게 이 이미지는 "수 세기 동안 여성이 자신의 재생산 욕구에 대한 인식을 제한하고, 여성을 사회적·정치적·종교적·경제적으로 억압하려는 '남근 중심 체제phallic economy'의 지속에 강력하게 기여해왔다"(Scholz, 286). 숄츠의 결론은 다음과 같다.

> 재생산 정의의 해석학은 사람들이 재생산 정의를 향상, 함양, 강화하는 방식으로 성경을 읽고, 종속, 복종, 침묵으로 일관할 것을 요구하는 신자유주의, 기술중심주의, 기업 중심의 정치 권력에 저항하도록 가르친다. 이러한 의미에서 재생산 정의의 해석학은 대다수의 여성, 소녀, 소년, 그리고 남성을 사회 내에 종속적 위치에 귀속시키는 남근 중심 체제의 해체에 기여한다(Scholz, 287).

따라서 21세기 재생산 정의를 위하여 지식과 방법론을 구비하여 성경을 주석하는 독법은 사회 정의를 위한 연구이며, 특히 여성들이 성차별, 여성 혐오, 그리고 정치적·사회적·경제적·종교적 제도와 구조에 의한 신체 통제를 끊임없이 경험하는 세계화된 세상에서 더욱 그러하다. 자신의 몸의 온전함에 대한 권리와 자녀를 가질지 여부와 시기를 결정할 자유는 보호받고 보장되어야 한다.

재생산 정의를 위하여 성경을 읽는 것은 숄츠가 그녀의 소론에서 보여 주듯이 권력 구조를 분석하고, 교차하는 억압을 다루고, 가장 소외된 계층을 중심에 두는 것만을 의미하지 않는다. 종교 제도 안에서 인간의 성과 재생산에 대한 다양한 가르침에 권위를 부여하기 위하여 성경 본문이 어떻게 사용되어 왔는지를 살펴보는 것도 포함한다. 이와 관련된 본문 가운데 하나는 이스라엘의 수혼법levirate marriage(신명 25,5-10)을 다루는 창세 38장이다. 이 억압적인 법 아래서, 타마르는 유다의 지시로 그의 첫째 아들인 에르에게 주어졌다가, 그가 후사를 남기지 못하고 악행으로 신에게 죽임을 당하자, 타마르는 유다의 둘째 아들인 오난 즉 시동생의 소유가 된다. 수혼법과 에르의 혈통을 이어야 한다는 이유로 유다는 오난에게 타마르와 성관계를 명한다. 하지만 오난은 그 자손이 자신의 혈통을 잇지 않을 것임을 알기 때문에 이를 거부하고, "형수와 한자리에 들 때마다, 형에게 자손을 만들어 주지 않으려고 그것을 바닥에 쏟아 버리곤 하였다"(9절). 오난은 원시적인 형태의 산아 조절을 하였고, 이 행위로 그는 목숨을 잃었다. 분노한 신은 그를 죽인다(10절). 수잔 니디치Susan Niditch는 다음과 같이 말한다. "신의 노여움을 산아 조절에 대한 단죄로 해석해서는 안 된다. 오난이 형의 이름으로 자손을 일으켜 세움으로써 타마르의 지위를 사회 구조 안에 확립해야 하는 역할을 거부한 행위에 대한 단죄로 보아야 한다".[21]

마이클 카든은 창세 38,7-9에 대한 해석의 역사를 살펴보면서 그리스도교가 18세기에 '오나니즘onanism'으로 불린 자위행위에 대한 단죄를 정당화하기 위하여 9절을 줄곧 사용하였고, "19세기와 20세기를 거쳐 심지어 일부 종교 전통에서는 21세기에도 지속된 윤리적 공황moral panic에 성경적 토대를 제공하기 위한 시도"였다고 지적한다(Carden, 54). 카든은 이 구절이나 창세기, 아니면 다른 어떤 성경 본문에서도 자위행위를 단죄하는 내용을 찾아볼 수 없다고 본다. 카든에게 "자위행위를 오난에게 연결 짓는 것은 성애 공포erotophobia에 깔려 있는 병리적 상태를 보여 준다"(Carden, 54). 오난은 자신의 정액을 바닥에 쏟은 것 때문에 죽은 것이 아니라, 타마르와의 사이에서 아이를 낳아 형의 혈통을 잇는 일을 거부하였기 때문에 죽임을 당하였다. 질외 사정으로 불리는 오난의 행위는 로마 가톨릭 교회가 인공 피임을 철저히 금지하는, 교황 바오로 6세의 회칙 〈인간 생명*Humane Vitae*〉에서 산아 조절을 반대하는 데 쓰인 성경의 근거가 된다. 이 회칙은 피임약 개발 직후인 1968년에 선포되었다. 그러나 카든은 니디치의 견해를 재확인하면서, 창세기나 다른 어떤 성경 본문에도 산아 조절을 반대하는 내용은 없다고 본다. 그렇다면 오난의 경우, '질외 사정'은 수혼법을 위반한 것뿐이지 더 이상의 의미는 전혀 없다.

요약하면 재생산 정의는 지속 가능성, 건강, 지구 전체는 물론 특별히 여성과 관련된 권리의 문제를 담고 있기 때문에 21세기에 생태-인류학적 사안이다. 인구 과잉, 과소비, 과잉 개발과 토지의 과잉 경작 등의 문제는 모두 상호 연결되어 있다. 환경 악화의 핵심 원인은 토지의 과잉 착취와 천연자원에 가해지는 과도한 부담을 낳는 인구 증가의 압력이다. 점점 더 많은 사람이 정착을 위한 땅을 찾을수록,

늘어나는 인구를 위한 식량을 생산할 경작지는 줄어 든다. 더 나아가 과잉 경작은 삼림 파괴, 사막화, 토양 침식, 토양 악화, 식량 생산 감소, 홍수, 수자원에 대한 위협으로 이어져 인간과 인간 이외의 생명체들의 건강을 위협하고 해양 생물의 멸종을 낳는다. 그런 점에서 재생산 정의는 과잉 인구로 지구를 지배하고, 여성 특히 유색인종 여성들이 인간으로서 지니는 재생산 권리와 선택권을 거부함으로써 여성의 신체를 지배하려는 정치·종교·문화·사회 세력에 관한 것이 된다. 재생산 정의는 구조와 체계를 변화시켜 변혁을 도모하고, 얽히고설킨 형태로 모든 생명, 특히 유색인종 여성과 인간 이외 생명체를 비롯한 소외된 공동체의 삶에 영향을 주는 억압을 완화하고자 한다. 변혁을 가져오기 위한 방편 가운데 하나는 민수기 5,11-31과 창세기 38,1-11, 특히 9-11절과 같은 성경 본문들을 번역하고 읽고 해석하고 이해하는 방식으로부터 찾을 수 있다. 이러한 성경 본문들은 다양한 해석 공동체에서 정치적·사회적·문화적·종교적 원칙과 정책, 가르침, 신조, 관습을 뒷받침하는 데에 사용되어 왔으며, 이로써 여성에게 가해지는 폭력뿐만 아니라 그 자체를 합법화하고 정상화하고 모호하게 만든다. 창세 38,1-11의 경우, 어떤 종교 전통들은 이 본문을 사용하여 피임과 자위행위를 부정적으로 바라보았다. 인간의 섹슈얼리티를 삶과 모든 관계의 중요한 부분으로 이해하고 평가하는 태도는 특히 20세기 후반과 21세기에 들어와 전체론적으로holistically 발달해 왔으나, 안타깝게도 재생산 권리와 인간의 성에 대한 다른 표현들을 규제하는 법률은 아직도 여러 패권주의적 권력의 손에 놓여 있다. 따라서 성경을 재생산 정의를 위하여 읽는 것은 21세기 세계에서 지구 전체와 모든 생명 공동체를 위한 정의를 실현하는 데 한 걸음 더 나아가는 일이다.

5.4. 인종 정의Racial Justice

인종 차별, 인종에 따른 불의, 외국인 혐오는 전 세계 모든 국가에서 발생하며, 수 세기 동안 인간의 삶에 안타까운 현실로 존재해 왔다. 백인우월주의는 백인의 신체를 정결과 순수함과 동일시하고, 백인이 아닌 신체는 불결하고 야만적이고 위험한 것으로 규정한다. 특정 집단의 사람들은 조직적으로 소외되고 동등한 권리를 박탈당하였다. 통계에 따르면 미국, 호주, 영국에서 유색인종의 수감 비율이 더 높다. 유색인들은 기후 변화의 부정적인 영향을 더욱 심각하게 겪으며, 가난과 굶주림, 깨끗한 식용수의 부족 등을 절실하게 체험한다. 그들 중 많은 이가 의료 서비스에 접근하지 못하여 치료 가능한 질병으로도 사망하게 되기 때문이다. 미국과 영국의 흑인 여성은 출산 중에 사망할 확률이 백인 여성에 비해 4배나 높고, 세계에서 산모 사망률이 가장 높은 곳은 사하라 이남 아프리카 지역이다. 브라질에서 흑인의 수입은 백인에 비해 평균 44퍼센트가 낮고, 남아프리카에서는 인구의 7.8퍼센트밖에 안 되는 백인이 국부의 90퍼센트를 차지하고 있다.

아시아인과 아시아계 미국인은 인종 차별과 인종에 따른 불의를 겪는 또 다른 집단이다. 예를 들어 미국에는 150년 전 중국인 이민자들이 대륙 횡단 철도를 건설하기 위하여 캘리포니아에 처음 도착할 때부터 반아시아인 인종 차별이 존재하였다. 중국인 배제법The

Chinese Exclusion Act(1882), 기어리 법Geary Act(1892), 존슨-리드 법Johnson-Reed Act(1924) 등의 법률은 당시 대개 중국 출신이었을 아시아인들을 대상으로 의무적인 등록, 귀화 거부 및 출신 국가별 할당제를 통한 이민 제한 등을 담고 있다. 중국에서 시작된 것으로 여겨진 코로나19 팬데믹 기간 동안 아시아인들은 비난의 대상이 되었고 심각한 불의를 겪었다.

그러한 불평등과 불의는 새로운 것이 아니다. 이는 수백 년 전 식민주의 국가들이 인종에 따른 위계 질서를 만들고 공고히 하기 위해 유색인들을 억압했던 역사로 거슬러 올라갈 수 있다. 체계적인 인종 차별은 구조적 형태의 차별이고, 제도, 법률, 정책에 내재되어 있으며, 인간의 내면에도 깊이 새겨져 있다. 인종 차별은 유엔에서 가장 중요하게 다루는 사안으로서, 국가가 공공 및 사적 영역에서 차별을 근절하고 인종 차별을 야기하거나 지속시키는 조건들을 철폐할 의무를 지운다.

2001년, 세계인종차별철폐회의는 인종주의, 인종 차별, 외국인 혐오 및 이와 관련된 불관용 철폐를 위한 포괄적 행동 프로그램인 '더반 선언 및 행동 계획Durban Declaration and Programme of Action'을 발표했다. 2009년 4월, 더반 선언 검토 회의는 인종 차별을 극복하기 위한 전 세계적인 성과를 평가하였다. 최종 보고서는 아직도 과제가 많이 남아 있으며, 많은 목표가 달성되지 못했음을 보여 주었다. 이러한 인종 정의 운동에는 유색인종 신학자 및 성서학자들이 중요한 학문적 기여를 해왔다. 이 학자들 가운데 한 사람이 아시아 신학자 곽 푸이란Kwok Pui-Lan이다.

그녀는 자신의 소론[22]에서 인종 차별에 관해 진행되고 있는 논의에 커다란 기여를 하였다. 성경이 팔레스티나, 메소포타미아, 아프리카, 지중해 세계에 사는 다양한 인종과 민족들의 문화에서 나왔다는 사실을 강조한 후에, 그녀는 성경 해석에 나타나는 인종 차별과 민족중심주의를 다루는 데에 도움이 되는 열 가지 명제를 제시한다. 이 명제들이 요청하는 것은 다음과 같다. (1) 여성주의적 해방의 관점에서 성경의 권위를 검토하기 (2) 지역의 종교 공동체들이 역사주의 비평이 낳은 결실을 비판적으로 검토하고 그에 도전하면서 매일 성경을 새롭게 읽기 (3) 여성들이 권력과 인종 차별에 용감하게 투쟁한 경험을 여성 스스로 이야기하기storytelling (4) 계급·젠더·인종 등의 측면에서 여성이 받는 겹겹의 억압을 진지하게 다루는 여성주의적 성경 해석을 하기 (5) 반유대주의를 비판하고 유대인 여성주의자들과 연대 속에 히브리 성경 해석의 길을 다지기 (6) 성경을 사용하여 특정 인종이나 민족 집단을 억압하거나 차별하는 일을 끝내기 (7) 오늘날 성경이 여러 문화 사이에서 어떻게 작용하는지 살피기 (8) 다른 신앙 전통의 관점과 다종교multifaith 해석학을 통하여 성경을 읽기 (9) 다중 정체성을 지니며 겹겹의 억압에 희생당하는 여성들의 관점에서 내리는 해석에 신빙성을 부여하기 (10) 인종 차별과 민족중심주의가 모든 성경 학자에게 의미 있는 쟁점임을 인정하고, 성경 해석학에서 '다름'의 정책을 검토하기(102-113). 푸이란은 성경을 '진실성 있게' 연구할 것을 요청하면서, 이러한 행위가 여성주의 성경 해석자들뿐 아니라 성경 본문을 해석하는 모든 이에게 중요한 '과감한 요청'(113)이라고 강조한다.

푸이란의 생각과 발을 맞추어 나가면서, 유색인 성서학자들은 인종 정의를 위한 성경 해석에 초점을 맞춘 소론들을 묶어 여러 권의 책을 펴냈다. 게이 바이런Gay L. Byron과 바네사 러브레이스Vanessa Lovelace는 《성경의 흑인 여성주의 해석: 담론의 확장*Womanist Interpretations of the Bible: Expanding the Discourse*》을 공동 편집하였다. 이 책은 선별된 성경 본문들을 인종과 젠더 이론, 탈식민주의, 사회학, 심리학, 문학, 수사학 이론들과 같이 다양한 범위의 방법론적 접근을 통하여 논의하고 검토하면서, 흑인 여성들을 옥죄는 억압뿐만 아니라 현재 아프리카계 미국인과 전 세계 유색인에게 자행되는 현대적 불의를 폭로하고 그 실체를 드러낸다. 이 책은 포괄적이고 전 세계적이며 학제적 성격을 지니며 신·구약성경 전체 본문과 정경 이외의 자료도 포함하고 있다. 특히 아프리카에 초점을 맞춘 책으로 무사 두베Musa W. Dube, 앤드류 음부비Andrew M. Mbuvi, 도라 음부와예산고Dora R. Mbuwayesango가 공동 편집한 《아프리카 성경 해석에서 탈식민주의 관점*Postcolonial Perspectives in African Biblical Interpretations*》이 있다. 이 책은 인종, 성경, 식민주의, 토착민 성경 해석학은 물론 아프리카 여성들이 성경을 읽어 온 방식과 같은 주제를 다룬다. 마태 1-2장, 욥기, 그리고 시편을 아프리카 중심으로 해석한 내용들은 유럽 중심주의적 해석을 해체한다. 인종 정의와 아프리카의 관점에서 본문을 읽는 또 다른 책은 토쿤보 아데예모Tokunboh Adeyemo가 편집한 《아프리카 성경 주해서*Africa Bible Commentary*》(2006)이다.

아시아 학자들도 성경 해석에 중요한 기여를 해왔다. 그 대표적인 저작 가운데 하나는 유라이야 김Uriah Y. Kim과 양승애Seung Ai Yang가 편집한 《아시아계 미국인의 성경 해석학에 관한 티앤티 클라크 핸드북*T & T Clark Handbook on Asian American Biblical Hermeneutics*》(2019)이다. 아시아계 미국인이 현재 미국에서 가장 빠르게 성장하는 세 가지 주요 민족/인종 소수자 집단 가운데 하나라는 현실에 발맞추어 제작되었으며, 아시아계 미국인 학자들이 필리핀인, 중국인, 일본인, 인도인, 한국인, 그리고 베트남인의 관점에서 성경 본문을 읽고 해석한 소론들을 풍성하게 싣고 있다. 이 책은 세 부분으로 나뉘는데, 첫 번째 부분은 아시아계 미국인들이 성경을 읽는 사회문화적 맥락을 설명하고, 두 번째 부분은 아시아계 미국인의 성경 해석학의 토대를 마련하기 위한 전통적인 해석 방법과 새로운 접근법을 재검토하고 적용하며, 세 번째 부분은 독자들이 '텍스트'를 성경 본문보다 더 넓은 범위로 이해할 것을 요청하면서, 선별된 성경 본문을 주석학적·해석학적으로 읽는다. 집필진은 모두 "아시아인 정체성 때문에 소수자 체험을 한 적이 있는 사람들과 함께, 그리고 그러한 이들을 위해" 성경을 읽음으로써 정의 실현에 투신한다.

수잔 숄츠가 편집한 《대안적 성경 연구*Biblical Studies Alternatively*》(2003)는 "인종/민족성의 수사학*The Rhetoric of Race/Ethnicity*"(170-307)이라는 제목이 붙은 단원이 포함되어 있는데, 여기서는 인종 정의에 대한 논의를 한 단계 더 발전시켜 민족성까지 확장한다. 이는 푸이란이 인종과 민족중심주의에 초점을 맞추기 전에 제시된 논의이다. 이 단원의 몇몇 소론은 인종적·민족적 불평등이 젠더와 계급과 어떻게 교차하는지를 분석하여 특히 19세기 미국의 성경 해석자들이 노예제의 관행을 지지하거나 거부하기 위하여 성경을 어떻게 이용하였는지를 탐구한다. 다른 소론들은 성경을 읽는 기준에 대해 질문하면서, 성경의 권위에 대해 비판적으로 고찰하고, 어떻게 몇몇 본문이 인종 차별을 정당화하는 데에 사용되었는지를 탐구한다. 마지막 그룹의 소론들은 국제적·문화적 다양성을 보이는데, 아프리카계 미국인, 라틴 아메리카 토착민을 비롯하여 아프리카의 목소리와 관점을 대변하고 있다. 그리스도교의 성경 해석에 나타나는 반유대주의와 그리스도인들 사이에서 히브리 성경이 낮게 평가되는 현실을 제시하며 단원은 막을 내린다.

요약하면, 인종주의와 인종에 따른 불의는 21세기 세상의 주요한 사회적 쟁점이자 관심사인데, 이러한 불의가 종종 국가 역사나 정치학 교과서에서 배제되기 때문이다. 코로나19 팬데믹은 인종주의의 문제를 상기시켜 주었다. 그리고 유색인들의 사망율이 얼마나 더 높고 그들의 경제적 손실이 얼마나 더 큰지, 그리고 질 좋은 의료 혜택에 대한 그들의 접근성이 얼마나 더 낮은지에 대해서도 부각시켜 주었다. 유색인 학자들이 성서학 분야에서 이루고 있는 커다란 업적과 그들이 오늘날 긴급한 쟁점인 인종과 인종 정의에 대한 문제와 어떻게 씨름하고 있는지를 본다면, 성경의 독자들과 해석자들이 이들의 작업을 고려하지 않거나, 이들의 관점을 자신의 생각, 강의, 집필, 출판, 그리고 강론 및 설교 등에 도입하지 않는 것은 인종주의와 인종 불의의 벽을 세우고 골을 내는 것이나 다름없다. 이는 정의의 관점에서, 더 이상 용인되거나 유지되어서는 안 된다. 성경을 인종 정의에 입각하여 읽는 것은 인종 불의에 휘청거리고 있는 지구촌 세상에서 더 이상 선택사항이 아니다. 인종 정의에 입각한 성경 읽기는 복음 선포의 일부를 이루는 정의에 대한 투신과 다르지 않다.

5.5. 계급과 경제 정의Class and Economic Justice

'계급'이라는 용어는 각자에게 다른 의미를 지니며 여러 방식으로 해석될 수 있다. 개념상, 계급은 한 사회 내의 불평등과 분열에 관심을 두게 하므로, 계급은 정의에 관련된 주제이다. 계급은 카를 마르크스가 자신의 저서에서 다루는 주제로 그는 무엇 때문에 불평등이 존재하는지, 어째서 모든 개인이 자연권을 부여받았음에도 몇몇 사람이 다른 사람들을 지배하는지를 설명하기 위하여 사회학적 관점에서 접근한다. 그는 계급이라는 주제를 경제와 연관지어 설명하며, 특히 소유권과 시장에 근거하는 경제적 분배와 불평등에 주목한다. 또한 착취가 사회 관계를 구조화하는 주요 요인임을 보여 준다. 그의 이론에는 네 가지 측면이 있다. (1) 경제적 측면: 한 사회의 분열은 주로 경제적 요인들에 의하여 추동되고 결정된다는 점을 명시한다. (2) 집단적 측면: 경제적 범주나 요인들이 공통의 문화들을 형성함을 나타낸다. (3) 행동주의적 측면: 문화적 환경을 결정적이거나 영향력 있는 행동으로 강조한다. (4) 변혁적 가능성의 측면: 계급에 기반을 둔 행위가 사회의 근본 구조의 개혁으로 이어질 것임을 강조한다. 그렇다면 계급이라는 개념은 경제적 자원과 권력적 자원에 대한 차등적 접근성에 관련된 물질적 불평등의 현실을 포착하는 것이다. 경제적 불평등의 사회적 영향들을 탐구하고 폭로하는 데에 '계급'이라는 개념보다 더 적합한 것은 없다. 따라서 마르크스주의에 대한 연구는 계급과 경제 정의의 교차성intersectionality을 전면으로 부각하는 동시에 중요한 질문을 제기한다. 착취를 어떻게 정의하고 다룰 것인가?

이 질문은 결코 새롭지 않다. 몇몇 성서학자의 연구는 성경 시대에 살던 사람들도 이 질문과 거듭 씨름하였다는 것을 보여 준다. 예를 들어 대다수의 소작농이 겪었던 경제적 착취와 억압은 왕조 시대 이전 이스라엘의 형성을 이끈 운동의 틀을 제공한다. 히브리 성경 연구자인 노만 갓월드는 왕조 시대 이전의 이스라엘의 형성을 이스라엘과 가나안의 소작농 무리가 그들의 가나안 지주들에 대항하여 나선 봉기의 관점에서 설명하는 농민 봉기Peasant Revolt와 변경 사회Frontier Society 모델을 제시하였다. 이 모델은 초기에는 긍정적인 반응을 얻었지만, 그다지 널리 받아들여지지 못하였다. 비평가들은 성경 안에 이를 뒷받침할 만한 증거가 부족하다고 말한다. 그럼에도 불구하고 마빈 체이니Marvin Chaney는 마르크스주의 분석에 착안하여, 갓월드의 모델을 좀 더 정교화하고 약간의 변화를 주었다. 아모스서, 호세아서, 이사야서, 그리고 미카서에 대한 그의 연구는 소수의 엘리트 지배층이 막대한 경제적 잉여를 취하여 다수의 농민 계급을 희생시키고 궁핍하게 만들었다는 계급 분열의 관점에 기초한다. 체이니의 연구는 경제적 성장과 번영에도 불구하고 농민 계급의 삶은 혜택을 입지 못하였고, 오히려 그들의 경제적 상황은 더 악화되었다고 지적한다.

신약성경 분야에서, 바오로 공동체들에 관한 게르트 타이센Gerd Theissen의 연구는 이 공동체들의 사회적 계층화에 관한 체계적이고 사회학적인 분석을 제공한다. 타이센은 로마나 코린토 등지에 있었던 그리스도교 공동체들의 구조와 갈등을 맥락적으로 바라보며, 그리스도교 공동체들의 내부 투쟁들이 더 큰 사회의 서로 다른 계층 사이의 구조들과 갈등들을 반영하고 서로 연결되어 있다고 본다. 타이센의 생각을 더 발전시켜 나가면서, K. C. 핸슨Hanson과 더글라스 오크만Douglas Oakman은 구조-기능 모델과 갈등 모델의 접근법을 연구에 사용하여 1세기 팔레스티나의 사회 구조들과 제도들을 분석한다. 그들은 상부의 엘리트 집단과 하부의 비엘리트 집단으로 구성된 이중의 층위 구조를 제시한다. 엘리트 집단은 통치자, 군대 간부, 그리고 사제로 구성되어 있고, 비엘리트 집단은 소작농, 장인, 어부, 노동자, 그리고 없어도 되는 기타 집단으로 구성되어 있다. 과세, 소작료, 상품세와 그 외의 필수 지불금 등의 인상으로 하부 계층의 경제적 부담이 증가하자, 이들은 다양한 방식으로 경제적 불의에 대항하여 저항하고, 생존하고, 반란을 일으켰다.

에케하르트 슈테게만Ekkehard Stegemann과 볼프강 슈테게만Wolfgang Stegemann은 고대 지중해 사회의 계층화와 사회적 상황에 대한 광범위한 분석과 논의를 제공하여, 이를 1세기 예수 운동의 사회사를 재구성하는 준거 틀로 삼는다. 그들은 '사회 계층social stratum'이라는 개념을 사용하는데, 이것이 한 사회 내 사람들의 다양한 사회적 위치를 반영한다고 보기 때문이다. 이 두 학자는 한 사람이 차지하는 권력, 특권, 그리고 명성이 그 사람의 사회적 지위를 결정한다고 여긴다. 고대 농경사회에 대한 렌스키Lenski의 연구가 이들의 연구에 핵심적인 영향을 주었는데, 특히 사회의 잉여 생산물의 배분을 결정하는 '주요 변수로서의 권력primary variable power'에 주목한다. 렌스키는 농경사회의 계층화와 사회적 불평등에 초점을 맞추고, 석기 시대부터 현재에 이르기까지 사회 발전에 대한 생태학적·진화론적 이론을 제안하였다.

21세기의 맥락에서 계급과 경제 정의는 점증적으로 전 세계 성서학자들의 관심을 받고 있는데, 특히 세계 각지 사람들이 빈곤, 기후 변화, 2019-2022년 코로나19 팬데믹, 그리고 주로 저개발 국가들을 먼저 강타한 기타 재난의 참상을 겪고 있기 때문이다. 계급과 경제에 관한 다양한 논의를 낳은 신약성경의 본문은 마태 20,1-16 선한 포도밭 주인의 비유이다. 이 비유에서 일용직 노동자들은 포도밭 주인의 농장에 고용되어 일한다. 포도밭/땅 주인들은 그들의 소유지와 농작물 관리를 위해 상당한 비용을 지불한다. 그들의 '부'는 그들의 토지 소유권에 연결되어 있을 뿐, 금전적 이윤이나 직접 손에 쥐는 돈에 연관되지 않는다. 어떤 이들은 소소한 금전적 이윤을 얻을 뿐이고, 또 어떤 이들은 막대한 부를 이룬다. 따라서 어떠한 확실성을 가지고서 그들의 '계급'을 규정할 수는 없다. 기껏 말할 수 있는 것은, 어떤 이들은 '엘리트'의 지위를 획득하고 어떤 이들은 그보다 조금 아래에 놓인다는 정도이다. 일용직 노동자들은 '소모품 계급expendable class'이다. 이 계급으로 밀려난 이들은 최저 생활 수준 이하에서 살게 되고, 종종 영양실조로 죽지 않기 위해 구걸을 해야만 한다. 이 비유에서 사람들은 각기 다른 시간인 9시, 정오, 15시, 17시에 고용된다. 하루 일과를 마치면 모든 노동자가 땅 주인에게 일반적인 하루 임금인 한 데나리온을 받는다. 한 데나리온은 최저 생활 수준에 겨우 해당하는 금액이고, 하루 임금으로서 그렇게 후한 액수라고 할 수 없다.

포도밭에서 일한 시간에 관계없이 모든 노동자에게 일률적으로 지불된 한 데나리온은 주석학자들 사이에 논의의 대상이 된다. 노동시간이 서로 다른 노동자들이 모두 같은 금액을 받아야만 하는가? 전통적인 해석은 이 이야기가 하느님의 관대함과 선하심을 묘사하고,

이야기의 악한으로 등장하는 불평꾼 노동자들에게 예언자적 말씀을 전한다는 것이다. 그러나 윌리엄 R. 허조그 2세William R. Herzog II는 신학이 아니라 경제학의 관점에서 해석한다. 그는 포도밭 주인은 하느님을 상징하지 않으며, "이 비유는 추상적인 신학적 유형들, 즉 은총을 받는 이들이 아닌 농경사회의 극단적 상황에 처한 이들의 전형을 묘사한다"[23]라고 주장한다. 허조그는 이 본문을 '결을 거슬러' 읽고 포도밭 주인을 언어적 위협을 가하여 노동자들 사이의 분열을 조장하는 인물로 본다. 계급 때문에 노동자들은 포도밭 주인에게 아무런 권한이 없지만, 포도밭 주인은 자신의 농장에 필요한 작업을 완수하기 위해서 이들에게 철저히 의존할 수밖에 없다. 이러한 관점을 통하여, 그는 포도밭 주인을 억압적인 엘리트 계급을 대변하는 이로 읽어 낼 수 있는 길을 연다. 이러한 시각은 독자들이 포도밭 주인의 말과 행위를 면밀히 검토하고, 노동자들의 불평을 다른 관점에서 들으면서, 이 본문을 노동자의 관점에서 해석할 수 있게 해 준다. 허조그는 이 비유 이야기가 억압을 글로 표현했다고 본다.

모니카 조츠나 멜란히톤Monica Jyotsna Melanchthon도 마태 20,1-16을 '결을 거슬러' 해석하면서 이를 인도에서 사회경제적으로 최하층에 속한 달리트의 맥락에서 읽어 낸다.[24] 멜란히톤은 달리트가 인도 농업경제의 근간을 이루고 있음을 강조한다. 달리트 인구의 72퍼센트가 토지 노동자들이지만, 고작 토지의 7퍼센트만이 그들에게 속하며, 대다수는 토지를 한 뼘도 소유하지 않는다. 수천만 명의 달리트 출신 남성, 여성, 아동이 토지 노동자이지만, 그들은 기껏 소량의 쌀을 받거나 미화 38-88센트에 상당하는 금액을 일당으로 받는다. 그녀는 "이들은 이러한 비유 이야기들에 어떻게 반응할까?"(203) 하는 질문을 던지면서 하루 종일 일하고서도 나중에 온 이들과 같은 일당을 지급받은 노동자들의 불평을 등한시해서는 안 된다고 주장한다. 이 소농민들에게는 저항을 표현할 별다른 수단이 없기 때문이다. 본질적으로, 불평하는 이들은 그들의 사회경제적 조건에 가려, 뒤늦게 고용된 이들에 대한 포도밭 주인의 관대함을 바라볼 수 없다는 것이다. 허조그와 마찬가지로, 멜란히톤도 불평하는 노동자들에게 섬세하게 반응하고 있다.

루이제 쇼트로프Luise Schottroff[25]는 이 비유 이야기를 신학적으로 읽으면서, 이를 '하느님 왕국'의 '대조 이미지counterimage'로 본다. 가장 늦게 고용된 포도밭 노동자들의 관점에서 읽은 쇼트로프는 이 비유 이야기가 하느님의 선함, 자애로움, 관대함을 묘사한다고 본다. 그녀는 이러한 자질들이 사람들 사이의 경제적·사회적·정치적·종교적 연대를 증진하는 데에 도움이 된다고 여긴다. 이어서 그녀는 이 이야기를 마태오복음이라는 좀 더 큰 맥락 안에서 바라보면서 이러한 특성들이 특히 가난하고 권리를 박탈당한 이들을 대하는 마태오 공동체에 부족한 자질이라고 지적한다. 쇼트로프는 이 비유 이야기를 연대에 대한 가르침으로 간주한다. 따라서 포도밭 주인의 균형적 상호성balanced reciprocity의 행위는 자급자족, 사회적 의무, 채무와 재분배의 원칙 혹은 주택 소유자와 미숙련 노동자 사이의 지위 격차에 초점을 둔 것이 아니다. 모든 노동자에게 나누어 준 한 데나리온은 공정과 상호 연대를 위한 시도이다.

요약하면, 계급과 경제적 정의의 관점에서 성경을 읽는 것은 누구의 관점에서 이야기를 듣고 해석하는가에 달려 있기에 복잡성을 띤다. 예를 들어 우리는 이미 마태 20,1-16의 다양한 해석으로부터, 계급이라는 개념이 경제적 자원과 권력에 대한 접근성의 차이에 연관된 물질적 불평등의 현실을 담고 있다는 것을 보았다. 이 논의의 핵심을 이루는 질문이 두 가지 더 남아 있다. "한 데나리온은 노동자들이 포도밭에서 일한 시간의 길이에 관계없이 모두에게 줄 수 있는 적절한 금액인가?", "노동 시간에 관계없이 동일한 임금을 지불하는 것이 참으로 연대를 만들어내는가?" 세계화 사회의 복잡한 사회경제적 상황의 맥락에서 볼 때 이에 대한 대답은 간단하지 않다. 더 나아가, 2020년 기준으로 세계 인구 가운데 하루 미화 1.9달러 이하를 버는 사람들의 비율이 약 10퍼센트, 즉 7억 명이 조금 넘는 숫자에 이르는 현실에서 21세기 경제 정의는 어떤 모습을 지니는가? 허조그, 멜란히톤, 그리고 쇼트로프와 함께 결을 거슬러 읽는 것은 계급과 경제 정의에 대해 더 많은 대화를 나누기 위한 문을 열어 준다. 특히 독자들이 본문에 의미를 부여하고, 본문은 여러 의미와 해석을 담을 수 있기 때문이다.

5.6. 장애에 관련된 정의Disability Justice

2011년 세계보건기구에서 발간한 세계장애 보고서의 요약문 서문[26]에서 스티븐 호킹은 다음과 같이 말한다. "장애는 성공에 걸림돌이 될 필요가 없다. 나는 성인이 된 후 거의 줄곧 운동 뉴런증을 겪으며 살았다. 그렇지만 그 병은 내가 천체 물리학에서 두드러진 이력을 쌓고 행복한 가정생활을 하는 데 장애가 되지 않았다." 호킹은 이 보고서가 장애를 지닌 사람들이 직면하는 태도적·물리적·재정적 장벽을 조명한다고 보며 환영한다. 더 나아가 그는 장애를 지닌 사람들의 참여를 가로막는 걸림돌을 제거하고, 그들이 가진 무한한 잠재력을 발휘할 수 있도록 충분한 자금과 전문 지식을 투자를 해야 할 윤리적 의무가 있다고 생각한다. 세계 각국 정부들은 건강, 재활 지원, 교육, 고용 등에 대한 접근을 차단당하고, 빛을 발할 기회를 얻지 못하는 수억 명의 장애인을 더 이상 모른 척할 수 없다.

세계보건기구의 추정에 의하면 현재까지 10억 명 이상, 즉 15퍼센트 이상의 세계 인구가 어떤 형태로든 장애를 가지고 살고 있다고 추정한다. 이 중 5분의 1, 즉 1억 1천만에서 1억 9천만 명 사이의 사람들은 심각한 장애를 겪고 있다. 장애인은 집단적으로 비장애인에 비해 평균적으로 부정적인 사회경제적 결과를 경험할 가능성이 더 크다. 예를 들어 그들은 교육 수준이 낮고, 건강 상태가 더 나쁘고, 고용률이 낮으며, 빈곤율이 더 높다. 이 통계는 2010년 세계 인구 추정에 근거한 것이다. 시간이 지날수록 장애를 지닌 사람들의 수는 늘고 있다.

장애는 인간 조건의 일부로서 복잡하며 거의 모든 이가 인생의 어느 지점에서 일시적으로든 영구적으로든 장애를 겪는다. 2006년 유엔은 장애인 권리 협약을 채택하였는데, 이는 "장애인이 모든 인권과 기본적인 자유를 완전하고 동등하게 향유하도록 증진, 보호, 보장하고, 그들의 천부적 존엄성에 대한 존중을 증진"하는 것을 목적으로

한다.[27] 장애를 지닌 이들이 넘어야 할 어려움 가운데 하나는 부정적 태도이다. 신념과 편견은 교육, 고용, 의료, 사회적 참여 등에 대한 장벽을 만든다. 예를 들어 교육자들의 태도는 장애를 가진 아동들의 일반 학교 통합에 영향을 준다. 장애인이 비장애인보다 생산성이 낮다는 고용인의 잘못된 신념은 장애인의 고용 기회를 제한한다. 장애에 관한 유엔의 고위급 총회에서 세계은행 그룹은 장애인을 포함한 가장 가난하고 취약한 계층을 위한 포용적인 경제 및 사회 정책의 토대를 쌓기 위한 열쇠는 배제와 소외에 대한 이해 증진에 달려 있다고 강조했다.

전 세계가 연결되는 사회 발전에 발 맞추어, 학자들은 현재 장애학disability studies분야에서 연구하고 있지만, 학문 분과로서 장애학은 지난 몇십 년 사이에 인문학과 사회과학 내에서 비로소 생겨나게 되었다. 현재 이 분야는 급성장하고 있지만, 유럽과 북미의 성서학계에서는 최근 10년 사이에 겨우 장애학에 관심을 두기 시작하였다. 그중에서도 낸시 아이슬랜드Nancy Eiesland, 사울 올리안Saul Olyan, 그리고 레베카 라파엘Rebecca Raphael은 성경 속 장애에 대한 부정적 묘사에 주목한다. 낸시 아이슬랜드[28]는 장애가 특정한 역사적 맥락 속에서 형성된 사회적 구성물임을 상기시킨다. 그녀는 장애를 지닌 사람들이 삶의 모든 영역에 온전히 참여하고 소속되어야 한다고 주장한다. 사울 올리안[29]은 성경에 표현된 장애에 대한 묘사가 장애를 지닌 사람들을 낙인을 찍을 뿐만 아니라 어떻게 소외시키는지, 그리하여 '사회적 차별과 불평등에 기여하는지'를 보여 준다. 레베카 라파엘[30]은 장애가 남성 패권주의와 가부장제 의제에 어떻게 기여하는지, 하느님의 권능과 거룩함이 장애를 지닌 사람에게 어떻게 나타나는지, 그리고 하느님의 권능이 인간의 약함과 얼마나 대조를 이루는지에 대해 논의한다. 라파엘은 또한 히브리 내러티브와 시가 남성 신을 중심으로 전개되며, 이 신은 인간의 신체, 특히 남성의 신체에서 가장 가치 있는 능력을 구현하고 대표한다고 지적한다. 장애학의 관점에서 처음 출간된 성경 주석서는 《성경과 장애*The Bible and Disability: A Commentary*》[31]이다. 이 주석서에 실린 소론들은 범위가 포괄적이면서도 공통의 관심사를 지니는데, 곧 장애를 지닌 이들의 경험에 힘입어 성경을 장애의 렌즈를 통해 읽는 것이다.

데이빗 F. 왓슨David F. Watson이 루카 18,35-43에 대해 검토한 글은 이 주석서 가운데 한 소론이다("Luke-Acts," 303-332). 여기서 그는 예수와 눈먼 남성의 대화는 남성이 손상을 입은 존재이고, 장애는 치유되어야 하며, 그래야 그가 다시 온전해져서 하느님께 찬미를 드릴 수 있음을 분명하게 표현하고 있다고 지적한다. 장애를 제거하는 것이 하느님 왕국의 도래를 가리키는 신호이며, 장애가 없는 것은 기쁨의 원인이 된다. 그러므로 사람들을 장애로부터 자유롭게 해 주고 치유해 주는 것은 주류 사회에 '어울리게' 하기 위한 규범이자 목표가 된다. 그렇지 않으면, 장애를 지닌 사람들은 그 사회의 '변두리'에 머물게 되며, 나병 환자(마르 1,40-45)와 38년 동안 병을 앓았지만 아무도 그를 못에 넣어주지 않았던 사람(요한 5,1-18)처럼 주변부로 밀려나고 소외된다.

줄리아 왓츠 벨서Julia Watts Belser와 멜라니 S. 모리슨Melanie S. Morrison은 우리에게 익숙한 루카 13,10-17의 내러티브를 다른 방식으로 새롭게 읽을 것을 제안한다. 복음 속의 이 여성은 18년 동안이나 등이 굽어 있었으나 마침내 치유를 받고 하느님을 찬양한다. 그들은 이 이야기를 분석하면서 다음과 같은 요점을 제시한다.

> 치유는 위험한 일이다. 루카복음 저자는 이 이름 없는 여인이 허리를 펴고 일어서서 하느님을 찬양하며 기뻐하는 모습을 묘사한다. 그러나 모든 사람이 치유되기를 원하는 것은 아니다. 오늘날 장애인 권리 운동에서 흔히 볼 수 있는 반응은 다른 복음을 선포하는 것이다. 나는 개인적 치유를 원하는 것이 아니라, 사회의 변혁을 원합니다(Belser and Morrison, 159).

낸시 아이슬랜드는 루카의 이 치유 이야기가 장애를 지닌 이들에게 부정적으로 사용될 수 있음을 강조한다. "치유를 받지 못하는 것이 종종 회개하지 않는 죄나 장애 상태를 유지하려는 이기적인 욕망과 같은 개인적 결점으로 평가받는다"(117).

요약하면, 장애학 분야는 독자들과 해석자들에게 장애에 관련된 정의의 관점에서 성경 본문을 따져 볼 수 있는 도구를 제공해 준다. 예를 들어 눈먼 걸인의 경우, 장애는 부정적으로 묘사된다. 그는 자신의 고통에서 벗어나 다시 주변 사람들처럼 '온전하게' 되기를 바란다. 이 이야기나 복음서의 다른 치유 이야기들에서 고통의 치료, 특히 육체적·정신적 고통의 치료와 대체로 그에 귀결되는 하느님 찬양은 힘과 가치를 건강한 신체에 연관 짓는 장애인 차별적 문화에 특권을 부여한다. 여기에 벨서와 모리슨은 다음과 같이 덧붙인다. "만약 해방자로서 예수가 모든 이가 건강, 힘, 온전함을 회복하는 하느님 나라에 목소리와 비전을 부여한다면, 장애를 지닌 이들은 온전하지 못하고 거룩하지 못한 모든 것의 상징으로서 남게 된다"(Belser and Morrison, 159).

성경의 독자와 해석자가 정의 일반에 대해, 그리고 장애인을 위한 정의에 투신한다면, 장애는 불리함이고, 장애를 겪는 이들은 능력이 부족하고, 온전치 못하고, 내재적 가치가 부족하고, 인간적으로 부족한 존재이므로 치유를 받아야 한다는 식의 관점으로 성경 본문을 읽을 수 없다. 벨서와 모리슨은 이를 잘 설명하고 있다.

> 우리는 하느님이 창조 세계에 대해 지니시는 꿈을 '다리 저는 이가 뛰고, 눈먼 이가 눈을 뜨고, 귀먹은 이의 귀가 뜨인다'는 이미지로 묘사하면서 동시에 장애를 지닌 사람들을 '있는 모습 그대로' 사랑해야 한다고 주장할 수 없다. 우리의 말과 상징은 참으로 중요하다. 이것들은 우리의 장애인 차별적 추측ableist assumptions을 반영할 뿐만 아니라, 이를 전달하고 지탱한다(Belser and Morrison, 159).

장애에 관련된 정의의 관점에서 성경을 읽고 해석하는 것은 오늘날 세계에서 여전히 삶의 기준으로 자리잡고 있는 장애인 차별의 문화를 폭로한다. 장애인 차별은 의식적으로나 무의식적으로 조직, 체계, 그리고 사회의 좀 더 넓은 문화에 내포되어 있다. 장애를 지닌 사람들은 이 같은 차별을 뒷받침하는 체계, 구조, 태도들에 의해 계속해서 낙인 찍히고 권리를 빼긴다. 장애인 차별은 장애를 지닌 이들의 기회를 제한하고 그들이 공동체의 삶에 소속될 여지를 줄인다. 장애에 관련된 정의를 위하여 결을 거슬러 읽는 태도는 어마어마한 다양성을 경축하는 신적 영역을 새로이 상상하는 것이다. 모두가 '완벽한' 몸과 마음과 영혼을 지니지 못하지만, 모두가 평등하게 재능과 가치를 인정받고, 소중하게 여겨지며, 있는 그대로의 모습으로 긍정되는 곳을 꿈꾼다.

5.7. 지정학적 정의Geopolitical Justice

제2차 세계 대전 이후 형성된 국제 질서는 오늘날의 정치, 경제, 안보 질서와 제도를 성장시키는 데 기여했지만, 이제 그 질서는 의문시되고 있다. 전 지구적 의사 결정권자들의 지위가 재편되고, 야심 찬 강대국들이 자국의 이익에 유리한 방향으로 게임의 규칙과 국제 정세를 조정하려고 하면서 권력은 세계 곳곳으로 분산되고 있다. 따라서 국제 질서가 재정립되고, 국제 트렌드가 모이고, 강력한 기업들이 전 세계 경제를 재구성하여 선택된 소수의 국가와 사람들이 세계의 부를 조정하고 사용하게 됨에 따라, 정부와 기관들은 향후 10년간 수많은 도전에 직면할 것이다.

지정학적 정의를 위한 팔레스타인 해방신학을 성경과 연결하여 설명하는 한 예로 팔레스타인 출신 사제이자, 예루살렘의 사빌 해방신학센터Sabeel Liberation Theology Center 창립자인 나임 스티판 아티크Naim Sitfan Ateek가 있다. 그는 히브리 성경이 이스라엘의 선택받음과 땅에 대한 약속을 인증하고 있음을 인식하면서 히브리 성경과 신약 성경을 결을 거슬러 읽는다. 《한 팔레스타인인의 관점: 성경과 해방 *A Palestinian Perspective: The Bible and Liberation*》(in Scholz, 2003, 394-399)에서, 아티크는 핵심 질문을 제기한다. "아랍-이스라엘 분쟁에서 문제의 일부가 분명히 되어 버린 히브리 성경이, 어떻게 하면 해결책의 일부가 될 수 있을까?" "한 민족의 국가적 염원에 저주를 퍼붓는 데 쓰이는 성경이 어떻게 하면 다시 그들에게 축복을 줄 수 있을까?" "많은 이를 구원으로 이끈 성경이 어떻게 하면 스스로를 구원하고 구속救贖할 수 있을까?"(Scholz, *Biblical Studies Alternatively*, 392). 아티크는 자신이 제기한 질문들에 답을 하기 위한 시도로 먼저 성경에 대한 정치적 오용과 성경 속 하느님이 어떻게 묘사되는지를 고찰한다. 이 주제는 "팔레스타인 그리스도인들이 시온주의를 지지하기 위해 구약성경을 사용한 경험에 비추어 볼 때, 구약성경이 어떻게 하느님의 말씀이 될 수 있는가?"(같은 책, 397)라는 또 다른 질문과 관련된다. 아티크가 볼 때, 이 질문들과 그에 연결되어 제기되는 다른 질문들에 답하는 유일한 방법은 신학을 하는 것이다. 그는 신학을 성경과 인간을 연결하는 유일한 다리로 본다. 그러나 신학은 반드시 해방을 지향해야 하고, 서로 연관된 맥락 안에서 이루어져야 하며, 해석 작업을 거쳐야 한다. 아티크는 팔레스타인계 그리스도인들이 성경에서 참된 하느님의 말씀을 분별하고 본문들의 의미를 해석할 수 있도록 돕는 해석학을 찾고 있다고 지적한다. 이는 유대교 시온주의자들과 그리스도교 근본주의자들이 종종 성경 본문을 인용하여 주관적인 주장과 편견을 정당화하고, 그로 인해 억압을 초래하기 때문이다.

성경 해석의 중심을 찾으려는 시도 속에서, 아티크는 그리스도를 중심에 둔다. 그리스도 안에서, 그리스도를 통하여, 그리스도 때문에 사람들은 하느님이 누구이신지에 대한 지식과 통찰을 얻을 수 있다. 그는 그리스도가 성경만이 아니라 역사 속 하느님의 행동을 이해하기 위한 참된 해석학이자 열쇠라고 여긴다. 따라서 하느님의 말씀인 예수 그리스도는 구약성경과 신약성경을 망라한 성경 전체의 하느님 말씀을 해석하고(Scholz, 399), 이 해석은 성경 본문을 넘어 삶의 텍스트로 확장된다.

아티크는 그리스도를 신·구약 정경 모두를 이해하기 위한 대안적 성경 해석학으로 제안함으로써, 팔레스타인계 그리스도인들도 성경을 온전히 받아들일 수 있게 한 셈이다. 그리스도야말로 최종적으로 성경의 내용을 판단하고 검토하실 분이라는 이해 아래서 가능해진 것이다.

수잔 숄츠도 성경의 정의와 관련하여 팔레스타인-이스라엘의 지정학적 질문을 다룬다. 그녀는 〈실로의 디즈니화: 성경의 역사 서술과 군사 점령의 방법론적 관리 양식인 고고학〉[32]이라는 제하의 소론에서 실로가 초반부에 중요한 역할을 하는 사무엘기 상권에 대한 자신의 주석과 관련하여 텔 실로Tel Shiloh의 지정학을 다룬다. 텔 실로는 현재 이스라엘 군대의 점령지인 요르단 서안 지구 한가운데 위치해 있으며, 숄츠는 이곳을 직접 방문한 후 현지에서 발굴된 고고학적 유물을 곧이 곧대로 받아들일 수 없음을 제시한다. 해석학적 이해관계와 편견이 발굴물에도 영향을 미친다는 것이다. 그녀는 1920년대부터 텔 실로에서 진행된 네 차례 고고학 발굴 작업의 역사와 2017년부터 그리스도교 우파 고고학자인 스콧 스트리플링Scott Stripling과 성경 연구 협회Associates for Biblical Research에 의해 진행되고 있는 현재의 고고학 발굴 작업에 관심을 기울이면서, 텔 실로에 유다인의 성막이 있었다는 주장을 뒷받침하기 위해 고고학적 증거를 활용하려는 그리스도교와 유대교의 근본주의자들 사이의 정치적·경제적 유대 관계를 들추어 낸다. 그녀는 "텔 실로의 고고학 발굴 작업은 비록 학자들이 단지 역사적·성경적 관심사에만 집중한다고 주장할지라도 이스라엘이 텔 실로 지역을 점령한 사회정치적·경제적 목적에 기여하였다"는 사실을 제시한다(Scholz, 2022).

아티크와 숄츠와 같이 성경을 지정학적 정의의 관점에서 읽는다는 것은 주변부의 시선으로 읽으면서 패권주의적 국가들이 자행하는 불의에 항거하는 이들을 위한 정의를 추구하는 것이다.

5.8. 연령 차별에 관련한 정의Ageism Justice

1967년, 40세 이상의 사람들이 직장에서 차별당하고 괴롭힘 당하는 것을 방지하고자 미국에서 고용 연령차별금지법the Age Discrimination in Employment Act이 제정되었다. 이 법령이 노동자들의 권리를 보호하기 위한 긍정적 걸음을 의미하기는 하지만, 연령 차별과 괴롭힘은 오늘날 미국을 비롯하여 세계 여러 국가의 모든 산업 분야에서 발생하고 있다. 연령 차별은 사회적으로 가장 일상적/일반적으로 퍼져 있는 편견이며, 인종주의나 성차별과 같이 널리 대응하려는 움직임이 적다. 연령 차별은 그에 연관되는 불의한 태도나 관습들과 더불어, 나이 든 세대 사람들을 공동체 안에서 점점 소외시키고 40세 이상 사람들의 건강과 복지에 부정적인 영향을 미친다. '결을 거슬러' 읽다 보면, 특정한 성경 본문이 연령 차별을 정당화하는 부분을 볼 수 있다. 예를 들어 하느님은 형인 카인의 제물보다 아우인 아벨의 제물을 선호하였고, 이 때문에 감정적으로 격분한 카인은 아벨을 계획적으로 살해하게 된다(창세 4,1-16). 야곱의 아들들 가운데 가장 어린 축에 있는 요셉은 야곱의 사랑을 가장 많이 받는 아들이었다. 이는 그가 야곱이 가장 사랑한 '아내' 라헬의 자식이었고, 야곱이 '늘그막'에 얻은 아들이었기 때문인데, 요셉을 위해 특별히 만들어 준 긴 저고리 선물이 그 사랑을 상징한다. 이어서 하느님은 다른 형제들보다 요셉을 총애하여, 가족 간의 갈등과 적대감을 불러왔으나, 요셉은 마침내 이집트 땅에서 파라오와 그의 관리들의 총애를 받으며 '빛나는 별'이 된다(창세 37-50장). 이사이의 막내 아들인 다윗은 신에게 선택되어 임금이 되고(1사무 16,1-13) 신과 맺은 계약의 수혜자가 되는데(2사무 7,1-17), 이는 그와 신 사이에 '특별한' 관계를 확고히 한다(2사무 7,14). 단순히 아이로 묘사된 예레미야는 신에 의해 "민족들의 예언자"로 성별된다(예레 1,4-10). 잉태되는 순간부터 예수는 '다윗의 자손이며, 아브라함의 자손인 메시아'(마태 1,1)로서 신의 사랑을 받는다. 이 성경 속 인물들은 모두 위계적이고 가부장적인 문화 속에서 젊은 세대를 지도자로 추대하는 것을 정당화하지만, 이들은 모두 남성이기에 가부장적인 문화를 바꾸지는 않는다. 오히려 이 인물들의 성격의 형성은 패권주의적 남성성을 영속화한다.

반면, 성경 시대에 노년은 능력의 쇠락을 한탄하기도 하지만, 일반적으로 존경받는 삶의 지위를 누리는 것으로 묘사된다. 예를 들어 노년은 신의 은총과 성취의 상징이기도 하다(이사 65,20; 코헬 11,7-8). 백발은 의로운 삶을 살아 얻은 영광의 면류관이다(잠언 16,31; 참조 이사 40,30-31). 원로들의 조언은 존중받고(탈출 18,14-24), 원로들이 본분에 맞게(시편 92,15) 의롭게 행동하지 않을 때에, 그들은 불의한 결정에 대해 비판을 받는다(1열왕 21,8-11). 공동체에서는 그들이 사익을 위해 지위를 이용하지 않으리라는 기대가 있다(1베드 5,1-4). 마지막으로 욥기에서 우리는 젊은이와 노인 사이의 상호작용을 본다. 엘리파즈는 욥이 그들 가운데 있는 백발 성성한 노인들의 말을 들어야 한다고 말한다(욥 15,9-10). 엘리후는 나이 어린 이가 연장자에게 말할 때 지니는 경외심을 가지고 욥에게 연설하기 시작하지만(욥 32,6-7), 이어서 나이가 지혜를 보증하지는 않는다고 선언한다(욥 32,9-10). 그러므로 욥기에서 지식과 지혜는 젊은이와 노인 모두에게서 발견된다.

아탈랴 브레너Athalya Brenner는 젠더의 관점에서 연령 차별이라는 주제를 다룬다. 그녀는 성경에 나오는 갖가지 내러티브와 시詩가 어떻게 지혜를 나이에 연결 짓고, '젊은이'들이 공동체 원로들에게 지혜를 구하도록 장려하는지 탐구한다. 젊은이들은 종종 '어리석고, 원로들의 권위에 순종하면서 교육받아야 할 존재'로 여겨진다(Brenner, 302). 그녀는 나이와 성경에 관한 주제로 연구하면서 다음과 같은 중요한 질문을 던진다. "노년은 그것을 지칭하거나 상징하는 용어가 무엇이든, 히브리 성경에 반영된 것처럼 '성경' 세계와 그 주변에서 존경받았는가?"(Brenner, 307). 그녀는 경제, 계급, 식량을 얻고 보호를 받을 가능성, 남성이 여성보다 기대 수명이 더 긴 경향, 그리고 중앙-성읍과 변방-시골과 같은 지리적 요인이 수명에 어떤 영향을 미치는지 등을 고려한다. 그녀는 나이를 먹는 것이 가치 있게 여겨지지만 반드시 존경으로 이어지지는 않는다고 본다.

나이를 젠더와 연결 짓는 브레너는 다음과 같이 말한다. "히브리 성경에서 상대적 나이에 관한 개념은 대개 남성중심적이고, 궁극적으로 아버지와 아들 사이, 남근을 획득하는 데에 초점을 두는 남성들의 경쟁에 밀접하게 연결되어 있다. 여기서 불편하지만 인정하게 되는 사실은 노년 세대가 젊은 세대보다 몇 배나 더 성공적이라는 것이다"(Brenner, 308). 그녀는 현대 세계의 여성을 다음과 같이 바라본다.

> 우리 문화에서 50대 후반 여성이 된다는 것은 거의 수치에 가까운 일이다. 그러한 여성은 손쉽게 전성기를 이미 지낸 사람으로 취급받는다. 반면에, 같은 나이대 남성은 오히려 한창 때에 있다고 여겨진다. 우리 사회에서 나이가 들면 중요도가 줄어든다는 법칙은 남성보다 여성에게 더 적용된다. 노년의 남성들은, 한 집단으로 볼 때, 사회 무대에서 더 나은 대우를 받는 것 같다. 이러한 젠더의 격차는 매우 뚜렷하다. 이로써 성서학계에서 성경적인 상투어가 되어 버린, 그저 시간적 표현으로만 여겨지는 '나이'에 대해 재검토할 이유가 생긴다. (죄송한 표현이지만) 오래된 문제를 새롭게 바라보는 렌즈가 생긴 것이기도 하다. 내 나이에 대해 느끼는 감수성도 여기에 들어가 있다. 아울러 히브리 성경 안팎에서 젠더 역할과 사회적 구성에 대한 감수성도 마찬가지다(Brenner, 308-309).

브레너는 한 사회에서 남성이든 여성이든 젊은 사람에게 나이 든 사람이 복종을 요구하거나, 부모가 자녀를 압도하거나 자녀보다 오래 사는 것은 옳지 않다고 결론 짓는다. 젊은 세대도 나이 든 세대의 이데올로기에 휘둘려서는 안 된다. 브레너는 젊음을 긍정적으로 보지만, 나이가 들어가는 이들에 대한 감수성도 가지면서, 지식을 지속적인 배움의 사슬로 본다. 욥기와 아탈랴 브레너의 연구는 세대 간 배움이 연령 차별을 밀어 내어 젊은이와 노인 사이의 이분법적 대립 구도를 해체하는 시작점이 될 수 있다고 강조한다. 이 이분법은 아무에게도 도움이 되지 않을 뿐만 아니라 나이와 무관하게 모든 이에게 내재한 재능과 능력을 가로막기도 한다. 인류 문명과 사회 구조의 맥락에서, 연령 차별은 노인을 차별한다. 이러한 태도는 그들의 삶의 경험은 물론 생생한 경험에서 얻어진 지혜와 지식을 무시하는 것이다. 한편 연령 차별은 젊은이들이 백발이 되기 전에는 아직 '지혜롭지' 못하다고 여김으로써 젊은이들을 폄하하는 데에 쓰이기도 한다. 또한 젊은이들의 능력과 의견과 가치를 무시하는가 하면, 이상화된 '젊음'을 모든 세대의 사람들이 추구해야 할 이미지로 포장한다. 따라서 연령 차별은 사람들을 억압하는 정도를 넘어, 사람들을 서로 대립하게 만든다. 이러한 까닭으로, 연령 정의에 따라 성경을 읽는 것은 주변부margin의 관점에서 읽으면서 정의를 위해 나서는 것이다.

5.9. 종교 간 정의Interreligious Justice

2012년, 작가 제임스 채프먼James Chapman은 세계에서 가장 많이 읽힌 책들의 목록을 만들었다. 기네스 세계 기록은 그의 연구에 근거하여 의심할 여지 없이 성경이 세계에서 가장 많이 팔리고 가장 널리 배포된 책이라고 한다. 지난 50년간의 성경 판매량을 토대로 계산한 채프먼은 성경이야말로 그 어떤 책보다도 많이 팔린 책으로 50년 동안 39억 권이 팔려나갔다는 사실을 발견하였다. 성서공회Bible Society가 실시한 또 다른 조사에 의하면 성경이 1815년에서 1975년 사이에 약 25억 부 인쇄되었는데, 더욱 최근의 추정치는 50억 부 이상으로 본다. 성경이 수십 년 동안 사람들을 매료시키고 관심을 끈 책이라는 사실은 분명하다. 이러한 조사 결과는 성경이 단지 유대교나 그리스도교 신앙 공동체에만 국한되지 않고 세계인 모두에게 속하는 것임을 말해 준다. 전 세계에 걸쳐 성경을 읽는 이들이 있고 그들의 배경, 문화, 직업군은 다양하다. 성경의 독자층이 전 세계에 넓게 퍼져 있다 보니, 이제 성서학자들은 다양한 독자들과 상호작용할 수 있는 새로운 기회를 얻고 있다. 다종교 대화 해석학multifaith and dialogical hermeneutics은 21세기 세계의 대화 속으로 성경을 이끌고, 독자들이 본문뿐만 아니라, 본문을 읽을 때에 개입되는 자신의 선입관과 편견에 대해서도 비판적으로 생각하도록 촉구한다. 아시아 신학자 곽 푸이란은 자신의 연구 일부에서 이 특정 해석학 영역에 초점을 맞춘다.

그녀는 〈많은 언어로 말하기: 다종교 해석학의 쟁점들〉이라는 글의 서두에서, 1991년 호주 캔버라에서 열린 세계교회협의회World

Council of Churches 제7차 총회에서 있었던 일을 기술한다. 회의장에서 한국 출신의 젊은 여성 신학자 정현경은 기조연설을 하며 성령께 창조세계를 새롭게 해 주시기를 청하였다. 토착화, 창조, 포용성, 종교 간 대화, 혼합주의, 다양성, 성령론 등이 참석자들의 주목을 받는 가운데 발표에 이어 활발한 토론이 진행되었다. 푸이란은 이 이야기를 발판으로 삼아 종교적 다원주의에 대하여 논의하는데, 여기서 그녀는 토착화를 비판적으로 검토하면서, 현시대의 많은 아시아 신학자에 대해 다음과 같이 말한다.

> 그들은 복음이 영원히 고착되어 있고 현재로부터 봉쇄되어 있기라도 한듯이, 복음을 아시아식으로 어떻게 제시할 것인지를 더이상 묻지 않는다. 그들에게 기본 쟁점은 현시대 아시아의 생생한 현실과 아시아인들의 일상 속 투쟁 안에서 복음을 새롭게 식별하는 것이다. 식민주의적, 서구식 그리스도교를 아시아에 맞게 개조하는 대신, 그들은 그리스도교 신앙의 의미를 새롭게 개념화하고 표현하는 것을 신학의 과제로 여긴다(Pui-Lan, 57-58).

그녀는 다원주의의 소중함, 그리고 종교 간 대화가 가져오는 개방적 접근의 중요성을 논한다. 또한 성경 해석자들이 오랫동안 성경을 '하느님의 말씀'이라고 여겼기에, 성경 때문에 종교 간 대화에서 생기는 어려움을 끄집어 낸다. 현시대 아시아 성서학자들과 신학자들은 서로 다른 해석학적 렌즈를 통해, 그리고 다양한 신앙의 관점에서 성경에 접근함으로써 이러한 문제에 대응하기 시작하였다. 강조점은 탈식민지화decolonization와 다원주의이다. 예를 들어 '민중 해석학people hermeneutics'은 서구의 추상적이고 철학적인 해석학이 종종 삶과 동떨어져 있으며, 이 방식이 정의justice에 대한 요구에 더욱 절실히 부응해야 한다는 점을 도전적으로 제시한다. R. S. 수기르타라자Sugirtharajah와 같은 학자들이 사용하는 성경 연구에 대한 대화적 접근법은 종교적 다원주의로 가는 문을 활짝 여는데, 이는 "종교 간 대화적 접근은 어느 하나의 전통을 다른 모든 전통 위에 절대시하지 않기 때문이다"(Pui-Lan, 62). 더 나아가 다종교 해석학은 각자가 자신의 고유한 전통을 다른 관점에서 바라보고 다양한 전통 안에서 공통점과 차이점을 보며, 서로에게서 배우고, 다른 종교 전통들도 그리스도교와 마찬가지로 유효하다는 것을 인정하도록 초대한다. 이러한 해석학적 접근은 신학자들과 성서학자들이 성경 본문을 해석하는 과정에 고대 아시아 신화, 고전, 우화, 전설, 민중 설화 등을 이용할 수 있게 허용한다. 다종교 해석학은 이러한 고유한 표현들 안에서도 진리와 지혜를 발견할 수 있음을 인정하고, 푸이란이 말하듯 "사람들이 성경 전통을 더욱 넓은 세계관과 문화적 틀 안에서 바라보도록 도전한다"(Pui-Lan, 66). 또한 다종교 해석학은 "동양과 서양의 전통들에 내재한 해석학적 가정假定을 더욱 분명하게 인식하도록 돕는다"(Pui-Lan, 68). 다른 신앙을 가진 사람들의 관점에서 성경을 관찰할 때 복음서, 그 중심 인물인 예수, 복음서의 우주적 차원, 우주적 그리스도, 그리고 영성 등을 새롭게 이해할 수 있다.

요약하면, 거룩한 본문으로서 성경은 어느 한 종교적 전통에만 속하지 않는다. 이 책은 신앙을 지닌 모든 이에게, 심지어 특정 신앙을 고백하지는 않지만 스스로를 '영적'이라고 생각하거나, 단지 경이와 호기심만을 지닌 이들에게도 속한다. 종교 간 정의의 차원에서 성경을 읽는다는 것은, 세상 모든 사람을 이 책 안으로 기꺼이 받아들이되, 그 안에 담긴 이야기와 시에서 무엇을 믿어야 하는지, 또는 그것들이 무엇을 '의미하는지'를 강요하지도, 그들의 생각·마음·영혼을 통제하지도 않으려는 태도를 의미한다. 독자는 본문에 의미를 부여하고, 성경은 하나의 본문으로서 "내재적으로 유연하고, 탄력적이고, 모호하다"(Scholz, Artifact, 180). 종교 간 정의를 위해 성경을 읽는 태도는 독자가 전적으로 창조적이고 통찰력 넘치고 비판적이고 영감으로 차 있다고, 즉 그들이 인간적 자유와 지적 예리함 및 풍부함의 영역 안에 있기에 마땅하다고 존중하는 것이다. 또한 성경을 종교 간 정의의 차원에서 읽는 태도는 성경 본문에 특정한 의미를 부여하지 않음으로써 그 본문을 공정하게 다룬다. 이를 통해 성경 본문이 세상 모든 사람과 만나고, 상호작용하고, 대화를 나눌 수 있는 기회를 제공하는 것이기도 하다. 결국 그 본문도 가장 좋은 의미에서 '영감을 받은' 것이다.

6. 정의의 하느님을 탈식민화하기

신약학자이자 신학자인 산드라 슈나이더스는 자신의 글[33]에서 다음과 같이 썼다. "우리 시대의 가장 중요한 영적 질문은 하느님에 관한 것이다"(71). 우리가 하느님에 대해 지니는 이미지와 성경에서 하느님이 정의를 이루시는 모습을 어떻게 묘사하는지가 우리의 태도와 행동에 영향을 준다는 점에서, 슈나이더스는 핵심을 짚고 있다. 신성에 관한 모든 담화는 이데올로기와 권력 역학dynamics을 수반하고, 필연적으로 은유적, 상징적, 유비적이다. 다음에 이어질 내용은 하느님에 대한 성경의 이미지와 언어가 어떻게 정의에 대한 긍정적이거나 부정적인 노력에 영향을 주는지에 대해 검토한 것이다.

성경은 신성에 대한 은유적 언어로 가득하다. 이를테면 왕, 아버지, 주님, 전사戰士, 남편, 지휘관 같은 언어는 남성 지배적인 문화 속에서 형성되어 이를 영속화했다. 복음주의 근본주의적 성경 해석 방식을 따르는 개신교 및 가톨릭 우파는 성경의 은유를 문자적으로 받아들였고 사람들, 특히 남성들은 이런 해석을 현실에서의 행동 지침으로 삼았다. 만약 남성신이 전사의 모습이라면, 힘은 정의의 추구에 합당한 것이 된다. 그러나 질문이 하나 남는다. 과연 누구를 위한 정의이며, 누구의 시각에서 본 정의인가? 더 나아가, 만약 성경의 독자들과 해석자들이 이러한 '하느님'의 은유들을 문자적으로 취하여 신이 전능한 남성으로서 주권, 권력, 통제력, 지배권을 행사하고 권좌에 앉은 군주, 엘리트의 특성을 지닌다고 믿는다면, 그들은 은유적 언어를

'진리'로 받아들이는 것이고 인간의 물질세계에서 취사선택한 은유를 통하여 하느님에 대한 그들의 인식과 이해를 규정하는 셈이다. 지금까지 수 세기에 걸쳐 그러하였듯이 남성 패권주의적 은유들이 여러 신앙 전통, 신조, 그리고 믿음의 체계에 깊이 내재되어 있다면 이는 사람들의 종교적 감수성, 상상력, 의식, 정신에 부정적인 영향을 주는데, 그 은유들은 인간중심적일 뿐만 아니라 남성중심적이기 때문이다. 경외심을 불러일으키는 신비인 신Divine Mysterium Tremendum은 모든 은유와 모든 신학적 구성물을 넘어서는데, 그중 많은 부분이 고대와 중세의 세계관, 문화 규범, 그리고 21세기 세계화 현실과 새로운 학문적 발달에 비추어 해체, 재해석, 심지어 새로운 비전이 필요한 문서에서 비롯된 것이다. 만약 다양한 종교, 신앙, 그리고 영성적 전통이 서로 만나 인간이 신을 경험하고 이해하는 데에 새로운 빛을 비추는 풍성하고 변혁적인 대화에 들어가려면, 이 전통들 안에서 사용되는 신에 대한 모든 언어는 신중하고 비판적으로 검토되어야 한다. 모든 은유는 그것이 아무리 훌륭하든 폭력적이든 신을 가두고, 궁극적으로 신뿐만 아니라 이렇게 규정된 '진리'를 믿는 모든 이를 식민화한다. 그렇게 되면 신앙은 신 그 자체와의 만남과 경험보다는 외적인 신념 체계와 겉으로 드러나는 경건한 의식 및 관습에 기반을 두게 된다. 다시 말해 신앙은 억압적인 구조와 사고 체계, 그리고 차별과 끝없는 불의를 지속시키는 식민주의적 믿음 체계를 변혁하거나 심지어 무너뜨리기 위해 끊임없이 '새로운' 일을 하는 신을 만나고 체험하는 데에 근거를 두지 않게 된다. 마지막으로, 몇몇 신앙 전통이 계속 성경 본문을 해석하고 성경을 권위적으로 사용하는 방식은 종종 오늘날 여러 가지 형태의 전 세계적인 억압을 초래했으며, 억압적 권력과 이들이 '규범적'으로 여기는 문화적 태도에 의해 이미 변방으로 밀려난 사람들과 그들의 목소리를 더욱 소외시켰다.

가톨릭 성서학자 엘리자베스 쉬슬러 피오렌자는 저서《말씀의 힘: 성경과 제국의 수사학*The Power of the Word: Scripture and the Rhetoric of Empire*》에서 제국과 하느님이라는 수사적 표현을 검토하였다. 그녀는 위대한 왕, 천상의 군주, 만군의 주님, 복수하는 전사, 제국의 영광 속에서 통치하고 하늘과 땅을 다스리며 '그의' 신민들에게 복종과 찬양을 요구하는 전능한 아버지와 같은 하느님에 대한 은유와 이미지를 고찰하며, 이러한 언어가 어떻게 군주제와 식민지 확장을 정당화해 왔고, 오늘날에는 "제국의 키이리아키적 내면화"를 조장하고 있는지 보여 준다(195). 은유는 의미를 생산하고, 현실을 구성하고, 현실에 영향을 주는 잠재력을 가지고 있다. 그 때문에 개인의 상상력, 특히 신학적 상상력에 영향을 미치는 잠재력을 가지며, 해방시키거나 또는 식민화하고 통제할 수 있는 믿음 체계에 영향을 준다.

신학자 브라이언 렌Brian Wren은 우리가 하느님을 표현하기 위해 쓸 수 있는 가장 좋은 언어는 계시된 신비를 가리킨다고 주장한다. 렌은 하느님에 대한 은유의 사용에 있어 두 가지 핵심적인 질문을 던진다. "우리가 사용하는 은유는 얼마큼 진정으로 하느님을 드러내는가?"와 "어떤 은유가 하느님을 가장 잘 드러내는가?"이다.[34] 렌은 특히 신에 대한 인간의 사고와 행동을 강하게 구조화하는 '체계적인 은유들'을 살펴본다. 그는 "우리가 사용하는 언어가 우리가 생각하는 것을 결정하지는 않는다. … 그러나 분명 그 언어가 우리의 눈을 가리는 것을 피하기는 매우 힘들다"라고 강조한다(301). 렌은 인간의 행동, 언어 사용, 그리고 사람들이 사고하는 방식이 체계적으로 연결되어 있다고 본다(300-302). 더 나아가 그는 하느님에게 사용되는 '부모', '지탱자', '군주' 등의 은유는 "상상력을 자극하지 못하며, 인간의 가장 깊은 개인 체험과 공명하지는 않는다"고 언급한다(307). 다시 말해 '죽은 은유'이지 '체화된 은유embodied metaphor'가 아니다. 마지막으로 은유가 체계적으로 사용되는 곳에서, 렌은 다음과 같은 질문들을 던지도록 제안한다. "이로써 누가 이득을 얻고, 누가 고통을 받으며, 어떤 권력 관계가 이를 영속화하고 정당화하려 하는가?"(302). 이러한 방식으로, 렌은 성경 속 은유와 특히 신에 대한 우리의 이해와 관련하여 은유가 가져오는 결과에 대한 더 깊은 비판적 해석학의 문을 열어 준다.

모든 언어, 은유, 그리고 신에 대한 담론은 문화적·정치적·역사적·사회적 영향을 받는다. 이는 담론이 대화나 논문, 신학적 성명이나 선포, 심지어 성경 안에서든, 어느 곳에서 벌어지든 마찬가지이다. 쉬슬러 피오렌자는 "전능하신 임금, 우주의 전지적 통치자"라는 성경의 하느님에 대한 이미지가 "군주와 지배자, 주교와 교황, 아버지와 남편, 그리스도교 선교와 식민화의 권력을 정당화해 왔다"고 언급한다. 이러한 이미지는 "다수에 대한 소수의 권력을 정당화했을 뿐만 아니라 그러한 제국적 권력을 위한 통합적 이데올로기도 제공하였다"(Schüssler Fiorenza, 207).

마지막으로 만약 신에 대한 담론이 종교 간, 신앙 간 대화의 맥락에서 전개된다면, 성경에 제시된 유일신론과 다신론의 전적인 이분법적 대립 구도에 대해서는 물론이고 특히 성경에서 지배와 폭력에 관련된 유일신론에 대해 비판적인 질문을 해야 한다(Schüssler Fiorenza, 213-221). 21세기 세계에서 유대-그리스도교 전통의 유일신론은 인간중심주의, 남성중심주의, 남성신론androtheism에 깊이 뿌리내리고 있다. 이러한 신론은 영성적, 우주론적, 생태론적 관점에서 인간과 인간 이외의 것들을 수많은 방식과 표현으로 만나고 있는 하느님과 대면하는 문을 닫아걸기 쉽다. 하느님은 인간 차원에서의 창조 세계만이 아니라 모든 창조물 안에 살아 있고, 머물고, 약동하며, 숨 쉬신다. 그리고 모든 창조물은 하느님 안에서 살아 있고, 머물고, 약동하며, 숨 쉰다.

7. 결론

전 세계의 생명 공동체들이 생존하기 위해 투쟁하고, 어떤 공동체들은 극심한 황폐화와 직면해 있다. 또한 세계 곳곳의 사람들과 자연환경은 억압적인 패권주의 세력, 젠더 차별, 성적 지향에 의한 차별, 계급주의, 인종주의, 연령 차별, 장애인 차별, 동성애 혐오, 외국인 혐오, 반유대주의, 이슬람 혐오, 민족중심주의, 남성중심주의, 인간중심주의, 가부장주의, 군국주의, 테러리즘, 그리고 극도의 잔인성 등으로 고통받고 있다. 따라서 우리가 성경을 읽고 해석하는 방식은 매우 중요하다. 이 글은 모두를 위한 정의의 비전을 제공하는 성경에서 무엇을 얻을 수 있는지 강조점을 두고 있다. 이는 하느님을 더 깊이 만나고 더 깊이 이해하는 데 핵심이 있다. 또한 21세기 세계화된 세상에서 정의를 지향하며 읽기 위하여 철저하게 해체되어야 할 것이 무엇인지도 지적하였다.

이 글은 현대의 학자들과 해석학적 접근법들을 탐구하면서, 시대의 징표 중 몇몇을 강조하고, 정의를 지향하며 성경을 어떻게 접해야 하는지에 관한 질문들을 제기하였다. 이를 통해 다양한 사회적 장소와 신앙과 비신앙적 관점을 포함하여 여러 관점을 가진 전 세계의 공동체들이 성경을 읽고, 듣고, 해석하는 방식에 대하여 우리 모두가 다시 한번 생각해 보자고 초대한다. 성경은 오늘날 세계에서 펼쳐지는 하느님의 신비와 정의의 실현에 중요한 역할을 한다. 우리가 성경과 삶의 텍스트를 '결을 거슬러', 텍스트 앞의 세계에서, 그리고 주변부로부터/주변부와 함께, 비판적이고 맥락적으로 읽을 때, 온 세상 피조물만이 아니라 하느님을 위해서도 정의는 이루어질 것이다.

주

01 젠더gender는 생물학적인 성별sex과 구분되는 개념으로, 사회심리학적 차원에서 역할과 태도 등으로 구분하는 성별이다. - 옮긴이

02 한 개인이 맥락에 따라 어떤 경우에는 억압하는 위치에 서기도 하고, 다른 경우에는 억압당하는 위치에 서기도 하는, 다양한 지배와 종속 체제들의 상호 관계에 놓이게 되는 사회적 체계 등을 일컫는 여성주의의 신조어로, 엘리자베스 쉬슬러 피오렌자가 제안한 개념이다. - 옮긴이

03 *Prophet of Justice: Understanding the Book of Amos*, Mahwah: Paulist Press, 1989, 24-25.

04 "Amos," in *The Women's Bible Commentary*. Expanded edition with Apocrypha. Eds. Carol A. Newsom and Sharon H. Ringe, Louisville: Westminster John Knox, 1998, 218-219.

05 *Psalms*, New Cambridge Bible Commentary, Cambridge: Cambridge University Press, 2014, 313.

06 *Matthew: Storyteller, Interpreter, Evangelist*, rev. ed. Peabody: Mass: Hendrickson, 2004, 68.

07 *The Gospel of Matthew*, SP 1, Collegeville: Liturgical Press, 1991, 79.

08 '여성'을 뜻하는 스페인어로, 라틴계 여성의 해방 투쟁을 지지하는 이를 가리키는 표현이다. - 옮긴이

09 "The Other Prophet! The Voice of Earth in the Book of Amos," Habel and Trudinger, 75-83.

10 *Scripture, Culture, and Agriculture: An Agrarian Reading of the Bible*, New York: Cambridge University Press, 2009.

11 *Re-Reading the Prophets through Corporate Globalization: A Cultural Evolutionary Approach to Economic Injustice in the Hebrew Bible*, Biblical Intersections 4, Piscataway: Georgias, 2010.

12 "The Bible and the Earth: Toward a Materialist Ecological Hermeneutics," *Colloquium* 42/2 (2010): 150.

13 Tina Dykesteen Nilsen and Anna Rebecca Solevåg, "Expanding Ecological Hermaneutics: The Case for Ecolonialism," *JBL* 135 (2016): 665-683, 여기서는 672.

14 "Deuteronomy," in *The Queer Bible Commentary*, Ed. Deryn Guest, Robert E. Goss, Mona West, and Thomas Bohache, London: SCM Press, 2006, 122-143, 여기서는 126.

15 *The Prostitute and the Prophet: Reading Hosea in the Late Twentieth Century*, JSOTSup 212, London: T & T Clark International, 1996, 235.

16 Gross, http://www.bfpubs.demon.co.uk/sally.htm.

17 "Ephesians," in *The Queer Bible Commentary*. Ed. Deryn Guest, Rober E. Goss, Mona West, and Thomas Bohache, London: SCM Press, 2006, 637-638.

18 http://www.sistersong.net/mission.

19 http://www.sistersong.net/mission.

20 "Dismantling the Phallic Economy with a Hermeneutics of Reproductive Justice: A Reconsideration of the Sotah in Numbers 5,11-31," *Journal of Religious Ethics*, 49/2 (2021): 270-289, 여기서는 270, 272.

21 "Genesis," in *Women's Bible Commentary*. Twentieth Anniversary Edition, Revised and Updated. Eds. Carol A. Newsom, Sharon H. Ringe, and Jacqueline E. Lapsley, Louisville: Westminster John Knox, 2012, 27-55, 여기서는 42.

22 "Racism and Ethnocentrism in Feminist Biblical Interpretation" (in *Searching the Scriptures: Volume One: A Feminist Introduction*. Ed. Elisabeth Schüssler Fiorenza, New York: Crossroad, 1993, 101-116).

23 *Parables as Subversive Speech: Jesus as Pedagogue of the Oppressed*, Louisville: Westminster John Knox, 1994, 89.

24 "Liberation Hermeneutics and India's Dalits," in *Bible and the Hermeneutics of Liberation*; eds. Alejandro F. Botta and Pablo R. Andinach, Atlanta: Society of Biblical Literature, 2009, 199-211.

25 "Human Solidarity and the Goodness of God: The Parable of the Workers in the Vineyard," in *God of the Lowly: Socio-Historical Interpretations of the Bible*; ed. W. Schottroff and W. Stegemann, Maryknoll: Orbis, 1984, 129-147.

26 https://www.who.int/disabilities/world_report/2011/report/en/

27 https://www.un.org/development/desa/disabilities/

28 *The Disabled God: Toward a Liberatory Theology of Disability*, Nashville: Abingdon, 1994.

29 *Disability in the Hebrew Bible: Interpreting Mental and Physical Differences*, Cambridge: Cambridge University Press, 2008.

30 *Biblical Corpora: Representations of Disability in Hebrew Biblical Literature*, LHBOT 445, London; New York: T & T Clark International, 2008.

31 Sarah J. Melcher, Mikeal C. Parsons, and Amos Yong eds. SRTD; Waco, TX: Baylor University Press, 2017.

32 "The Disneyfication of Shiloh: Biblical Historiography and Archaeology as Methodological Regimes of Military Occupation" (*Scandinavian Journal of the Old Testament*, 2022).

33 "God Is the Question, God Is the Answer" (in *Spiritual Questions for the Twenty-First Century: Essays in Honor of Joan D. Chittister*: Ed. Mary Hembrow Snyder, Maryknoll: Orbis Books, 2001, 69-74).

34 "What Language Shall I Borrow?", *Brethren Life and Thought* 33/4 (Autumn 1988): 299-308, 여기서는 300.

참고 문헌

Adeyemo, Tokunboh, ed. *Africa Bible Commentary.* Nashville: Zondervan, 2006.

Bailey, Randall C. "The Bible as a Text of Cultures." In *The Peoples' Companion to the Bible.* Edited by Curtiss Paul De Young, Wilda C. Gafney, Leticia A. Guardiola-Saenz, George "Tink" Tinker, and Frank M. Yamada, 10-16. Minneapolis: Fortress, 2010.

Belser Watts, Julia and Melanie S. Morrison. "Living It Out: What No Longer Serves Us: Resisting Ableism and Anti-Judaism in New Testament Healing Narratives." *Journal of Feminist Studies* 27, no. 2 (2011): 153-170.

Brenner, Athalya. "Age and Ageism in the Hebrew Bible, in an Autobiographical Perspective." In *Essays on Reading the Bible in memory of Robert Carroll.* Edited by P. R. Davies, 302-310. New York: Bloomsbury, 2002.

Byron, Gay L. and Vanessa Lovelace. *Womanist Interpretations of the Bible. Expanding the Discourse.* Atlanta: SBL Press, 2016.

Carden, Michael. "The Book of the Twelve Miner Prophets." In *The Queer Bible Commentary.* Edited by Robert E. Goss, Mona West, and Thomas Bohache, 432-484. London: SCM Press, 2006.

Donahue, John R. *Seek Justice That You May Live: Reflections and Resources on the Bible and Social Justice.* Mahwah: Paulist Press, 2014.

Dube, Musa A., Andrew M. Mbuvi, and Dora R. Mbuwayesango, eds. *Postcolonial Perspectives in African Biblical Interpretations.* Atlanta: Society of Biblical Literature, 2012.

Elvey, Anne and Keith Dyer with Deborah Guess. *Ecological Aspects of War: Engagements with Biblical Texts.* New York: Bloomsbury, T & T Clark, 2017.

Fuchs, Esther. *Feminist Theory and the Bible: Interrogating the Sources.* New York: Lexington Books, 2016.

Habel, Norman C. and Peter Trudinger. *Exploring Ecological Hermeneutics.* Atlanta: Society of Biblical Literature, 2008.

Kim, Uriah Y. and Seung Ai Yang, eds. *T & T Clark Handbook on Asian American Biblical Hermeneutics.* New York: T & T Clark, 2019.

Melanchthon, Monica Jyotsna. "Liberation Hermeneutics and India's Dalits," In *Bible and the Hermeneutics of Liberation.* Editied by Alejandro F. Botta and Pablo R. Andinach, 199-211. Atlanta: Society of Biblical Literature, 2009,

Pui-Lan, Kwok, "Speaking Many Tongues: Issues in Multifaith Hermeneutics." In *Discovering the Bible in the non-Biblical World*, 57-70. Maryknoll: Orbis Books, 1995.

Schneiders, Sandra M. *The Revelatory Text: Interpreting the New Testament as Sacred Scripture.* Collegeville: Liturgical Press, 1999.

Scholz, Susanne. *Biblical Studies Alternatively: An Introductory Reader.* Upper Saddle River: Prentice Hall, 2003.

____________. *Introducing the Women's Hebrew Bible*, New York: Bloomsbury, T & T Clark, 2017.

____________. *The Bible as Political Artifact: On the Feminist Syudy of The Hebrew Bible.* Minneapolis: Fortress, 2017.

Schreiter, C.PP.S., Robert. "The Bible and Culture." In *The Collegeville Pastoral Dictionary of Biblical Theology.* Edited by Carroll Stuhlmueller, xlvi -1. Collegeville: Liturgical Press, 1996.

Schüssler Fiorenza, Elisabeth. *The Power of the Word: Scripture and the Rhetoric of Empire.* Minneapolis: Fortress, 2007.

Wainwright, Elaine, M. "Place, Power and Potentiality: Reading Matthew 2:1-12 Ecologically." *Expository Times* 121, no. 4: 159-167.

성경의
문학비평

장 프랑수아 라신 / 지나 헨즈 피아자 지음

1. 입문

20세기 전반기에, 성서학에서 문학비평은 본문text의 편집사 연구에 착수했다. 학자들은 출전비평, 편집비평, 양식비평을 활용하여 성경 본문의 토대가 된 구전과 기록을 포함한 문학적 세계를 재구성하고자 하였다. 《성서학 안내*Guides to Biblical Scholarship*》 시리즈 중 한 권인 노만 하벨Norman Habel의 저서 《구약성경의 문학비평*Literary Criticism of the Old Testament*》(1971)은 독자들이 오경 내러티브 안의 여러 전승을 식별하도록 돕고, 야휘스트 전승과 사제계 전승의 독특한 특징들을 제시하며, 그들 각각에서 구분되는 신학적 메시지를 설명하였다. 이에 따라 의미는 본문의 최종 형태에 근거하지 않고 각자의 독특한 신학적 강조점을 지닌 다양한 전승과 출전에 의거하게 되었다. 저자의 의도와 본문 및 기타 증거를 통해 파악되거나 구성될 수 있는 가능한 모든 상황을 탐구하는 것이 주석학자들의 주요 과제가 되었다.

1969년, 제임스 뮬렌버그James Muilenburg는 성서문학학회the Society

of Biblical Literature의 기조연설에서 당시 지배적이던 성경 문헌 연구 방식 즉, 성경 본문을 구성하는 다양한 전승과 양식을 분석하고 편집사의 단계를 구분하기 위해 본문을 세분화하던 경향에서 벗어나야 한다고 주장했다. 기념비적인 연설 "양식비평과 그 너머*Form Criticism and Beyond*"에서, 그는 학계가 성경 본문의 초기 전승과 과거에만 집중하는 것을 넘어, 본문의 최종 형태가 제시하는 방대한 시적詩的 구조에 대한 해석적 연구로 나아가야 한다고 촉구했다. 뮬렌버그의 초기 저서 《성경 해석자 사전*Interpreter's Dictionary of the Bible*》에 수록된 〈제2이사야서〉는 문학비평의 렌즈를 통해 성경의 엄청난 종교적 생산력을 드러낸 첫 사례가 되었다. 마찬가지로, 성경 본문이 복잡한 편집 과정을 거쳤음을 인정하는 교황청 성서위원회도 이 성경 본문들의 최종 형태에 내재된 문학의 풍부함을 인정하였다(《교회 안의 성서 해석》). 성경은 단순히 구원 역사만이 아니라, 구원 역사를 담은 **이야기**이다. 성경은 그 자체로 이야기이기에 본문의 문학적 분석에서 이룬 성취에 적합할뿐더러 그러한 분석이 가능한 대상이다. "우리 시대가 언어학과 문학의 연구를 바탕으로 이루어낸 발전에 힘입어, 성서 주석은 문헌 분석의 새로운 방법들을 … 폭넓게 이용할 수 있게 되었다"(《교회 안의 성서 해석》). 다양한 문학적 접근 방식의 점진적 도입은 성경 본문에 대한 이해뿐만 아니라, 그 최종 형태가 지닌 계시적 잠재력을 더욱 풍부하게 하여 더 넓은 독자층에게 의미 있는 통찰을 제공하게 되었다.

성경을 문학으로 보는 견해는 새로운 주장이 아니다. 거의 모든 문학 선집의 목차에는 욥기나 성경의 시와 같은 성경 본문이 일부 포함되어 있다. 이미 1세기에 요세푸스는 《유다 고대사》에서 모세가 6보격hexameter으로 노래를 지었다고 말하였다(역자주: 보격步格은 시의 운율 형태 가운데 하나이다). 그 이후 오리게네스는 시편에 3보격trimeter과 4보격tetrameter이 나타나는 것에 주목하였다. 히에로니무스도 성경 본문에서 드러나는 미학적 특질을 알아보았다. 그는 시편에 나타나는 선율적인 성격과 신명기와 이사야서에 담긴 노래들의 아름다움에 탄복하였다. 그러나 초대 교회 교부들 가운데 몇몇은 여전히 성경을 문학으로 보는 것에 반대하였다. 이런 태도는 성경을 당대 그리스-로마 작품과 구분 짓고, 성경 본문들을 종교적인 특성이 뚜렷한 문서로 보존하려는 열망에서 비롯되었다. 사실, 성경 자체가 때때로 자신의 문학적이고 미학적인 특질을 암시하기도 한다. 코헬렛의 발문에는 "코헬렛은 사람들의 마음에 드는 말을 찾으려 노력하였고 진리의 말을 바르게 기록하였다"(코헬 12,10)라고 언급되어 있다. 예언서와 성문서, 더욱이 아가와 같은 책에 담긴 풍부한 시가들은 이러한 문학적, 예술적 특질을 분명히 나타낸다. 복음을 선포하는 문서인 복음서들은 기적 이야기와 생동감 있는 비유를 통해 설득하고자 하는 의도를 명백히 담고 있는데, 설득은 고전 시대 수사학의 주요한 기능이었다. 따라서 여러 가지 문학적 접근법으로 성경을 연구하기 시작한 것은 비교적 최근의 일이지만, 성경이 문학으로서 지니는 지위는 논쟁의 여지가 없다.

더욱이, 최근 수년간 성경을 대상으로 시도된 다양한 문학적 접근 방식은 성경의 풍부한 문학적 특질을 더욱 확실히 뒷받침해 준다. 한때, 출전과 편집 과정에 대한 분석으로만 여기던 '문학비평'이라는 명칭이 이제는 수사학적 비평, 내러티브 분석, 기호학, 독자반응 비평reader-response criticism 등의 방법론을 포괄하는 용어가 되었다. '문학비평' 안에서 발전해 온 여러 방법론을 범주화하는 데에 토대가 되는 조직 체계가 있다. M. H. 에이브럼스Abrams는 여러 가지 방법론을 조직하는 유용한 틀을 만들었는데, 그는 모든 문학 비평이 네 가지 핵심 지향점인 세계universe, 독자/청중, 작가/예술가, 본문에서 출발한다고 보았다. 첫째, 모방성 지향the mimetic orientation은 본문을 세계와의 연관 속에서 해석하는 문학적 접근법들을 수용한다. 이 접근법은 본문을 세상을 반영하는 것으로 보고 그 본문이 세상을 정확하게, 혹은 은유적으로, 혹은 우화적으로 재현했는지를 기준으로 해석한다. 둘째, 실용성 지향the pragmatic orientation은 성경 본문이 청자나 독자에게 미치는 영향에 주의를 기울이는 방법론들을 포함한다. 본문이 덕을 기르게 하거나, 윤리의식을 심어 주거나, 심지어 독자들에게 도전 의식을 북돋는가? 이러한 지향은 독자반응 차원의 다양한 접근법을 총체적으로 뒷받침한다. 셋째, 표현성 지향the expressive orientation은 성경 본문을 저자(들)의 표현으로 여기고, 작품에 담긴 시점視點, 문화적 가치, 사회경제학적 영향 등을 살핀다. 마지막으로 객관성 지향the objective orientation은 세계, 독자/청중, 혹은 저자에 연관되는 어떤 외적인 판단 기준을 배제한 채 본문 자체와 본문이 드러내는 시적 기교를 고려한다. 이는 본문을 그 자체로 하나의 세계로 간주하며, 오직 본문의 고유한 존재 방식에 내재된 기준에 따라 해석한다. 최근의 성경 해석에서 '문학적 접근법'이라는 표제 안에서 발전되어 온 여러 종류의 비평은, 해석을 할 때 이러한 지향 가운데 하나 혹은 그 이상을 채택하는 경향이 있다. 이 네 가지 지향성 체계는 성경 본문을 문학비평의 차원에서 연구하는 수많은 방법에 질서와 관점을 제공한다.

2. 문학적 접근법들

성경 전통에서 이야기가 차지하는 비중이 매우 크기 때문에, 내러티브 비평은 가장 일찍부터 발전한 접근법이다. 내러티브는 구약성경과 신약성경 모두에서 지배적으로 나타난다. 구약성경에서 내러티브는 창세기부터 열왕기를 거쳐 역대기에 이르는 자료들의 대부분을 차지한다. 예언서인 이사야서, 예레미야서, 호세아서와 아모스서의 몇몇 부분도 내러티브로 이루어져 있다. 이와 더불어 룻기, 에스테르기, 요나서 같은 낱권의 책들, 욥기의 머리말과 맺음말, 다니엘서 1-6장 등은 내러티브 분석을 할 수 있는 본문을 제공한다. 신약성경에서는 복음서 네 권과 사도행전 및 요한묵시록의 환시들이 모두 내러티브 형식이어서 이러한 분석을 하기에 알맞다.

성서학 연구에서 사용되는 대부분의 문학비평과는 다르게, 일반적인 문학비평에는 성경의 내러티브 비평에 상응하는 비평이 없다. 구약성경 분야에서 로버트 알터Robert Alter가 쓴 《성경의 이야기 기술*The Art of the Biblical Narrative*》은 성경 내러티브를 구성하는 요소들에 대해 장기간에 걸쳐 세심하게 연구하여 얻은 풍성한 수확물로 주목받은 첫 작품이다. 내러티브의 역사적 형성 과정을 파헤치기보다는, 본문을 중심에 둔 그의 접근법은 본문의 최종 형태만을 그 자체로 연구한다. 본문 외부의 것들을 전혀 참고하지 않고 내러티브 자체에만 초점을 맞추는 이 연구는 내러티브 비평의 자리를 객관성 지향에 놓는다. 이 연구는 내러티브를 구조화하는 장치, 반복하여 나타나는 패턴, 직접 담화나 내러티브 담화와 같이 내러티브를 구성하는 단락들에 초점을 맞춘다. 의미는 플롯, 등장인물, 이야기 시간narrative time, 공간, 속도, 감추어진/드러난 서술자, 혹은 주제 등의 내재적 요소들을 묶어서 또는 개별적으로 연구하는 데에서 도출된다. 예를 들어 등장인물을 연구하면 내러티브 분석에 유용한 결과들을 얻는다. 이스라엘 사람이 아니지만 자신이 충성을 바칠 대상을 획기적으로 바꾸고, 성경 전통에서 이스라엘의 하느님의 유일성을 처음으로 선포한 나아만(2열왕 5장) 같은 인물에 대한 연구는 이방인에 대한 중요한 단서를 제공한다. 또는 전쟁의 전리품으로 끌려간 실로의 처녀들(판관 21장)에 대한 연구는 이 이야기에 내포된 미묘하지만 자칫하면 간과하기 쉬운 실제 폭력을 조명한다. 따라서 나아만이나 실로의 처녀들 같은 인물에 대한 심층적인 연구를 통해 탄탄한 교훈적 가치를 지닌 새로운 독서법이 나올 수 있다. 성경 내러티브의 주제들을 연구함으로써 더 넓은 전통이나 성경 전체의 책들까지도 더 잘 이해하고 감상할 수 있도록 해 준다. 예를 들어 룻기의 서두를 여는 '굶주림과 죽음'이라는 주제가 이방인으로 여겨지던 모압 여인 룻의 개입으로 변화되어, 마침내 이야기의 결말에 이르러서는 '빵과 생명'이라는 새로운 전망이 대두한다. 이러한 주제의 전환을 이해할 때 룻기라는 책 전체를 더 잘 이해할 수 있다. 구약성경의 수많은 전승이 이야기로 되어 있기 때문에, 내러티브 비평이야말로 그 전승의 내러티브적 성격에서 비롯되는 의미들을 비추는 데에 특히 유용하다. 더욱이, 내러티브 비평은 이야기의 역사적 배경이나 그것이 가리키는 맥락을 잘 알지 못하는 독자에게 특히 도움이 될 수 있다. 이야기의 내러티브 문학적 특성에 대한 숙련된 연구는 그 이야기의 의미를 밝히는 놀라운 통찰력을 줄 수 있다.

신약성경 연구에서 편집비평은, 특히 복음서들 전체 차원에서 편집의 경향을 분석하기 시작하면서 내러티브 비평으로 가는 길을 열어 주었다. 데이비드 로즈David Rhoads와 도널드 미키Donald Michi는 내러티브 비평을 사용하여 최초로 주요 연구를 수행한 이들로 평가받는다. 그들의 저작, 《이야기로서의 마르코복음*Mark as Story: An Introduction to the Narrative Study of a Gospel*》(1982)은 시카고의 루터교 신학교에서 팀으로 가르치던 강좌에서 비롯되었다. 앨런 컬페퍼R. Alan Culpepper의 《요한복음 해부*Anatomy of the Fourth Gospel: A Study in Literary Design*》도 곧이어 1983년에 출간되었다.

내러티브 비평은 신약성경에서 내러티브로 된 복음서와 사도행전에 주로 적용되었지만, 이러한 방식의 분석을 바오로 서간과 요한묵시록에 적용해 본 연구에서도 유익한 성과가 있었다.

복음서들을 내러티브 비평으로 연구할 때, 다양한 공관복음 이론에 대한 연구자 개개인의 입장은 별다른 차이가 없다. 각 복음서가 일관된 플롯을 전개해 나가는 독립적 내러티브로 다루어지기 때문이다. 예를 들어 어느 연구자가 마르코복음의 플롯이 이야기의 시작부터 예수의 죽음에 이르기까지 주제를 어떻게 이끌어 가는지 연구한다고 해 보자. 플롯을 형성하는 요소에 따라서, 이야기의 다양한 사건들은 결말을 향해 플롯을 전개시키는 데 기여한다. 일례로, 마르 3,1-6의 손이 오그라든 사람을 치유하는 일화는 적대자들이 예수의 죽음을 모의하는 장면으로 끝난다.

여러 가지 사건에 대한 서술은 간결하게 할 수도 있고, 풍부한 세부 묘사로 자세히 할 수도 있다. 이러한 내러티브 기법들은 이야기의 전개 속도를 빠르게 하거나 늦추는 역할을 하며, 독자가 어디에 관심을 더 기울여야 하는지를 알려준다. 예를 들어 마르코복음에서 예수와 제자들이 갈릴래아에서 예루살렘까지 여행하는 장면은 33개의 절로 묘사하지만, 예수가 예루살렘에서 보낸 일주일은 복음서 전체 16장 중 6개의 장을 할애한다. 예수의 죽음이 가까워지면서, 십자가 아래에 선 구경꾼들의 말(마르 15,29-39)을 보고하거나 사건들이 일어난 정확한 시간을 제공(마르 15,25.33.34)하는 등, 좀 더 세부적인 사항을 제시하는 방식으로 서술의 전개 속도가 느려진다.

구약성경을 내러티브 비평 방식으로 연구하는 경우와 마찬가지로, 신약성경 연구에서도 몇몇 연구는 등장인물에 주목하고 있다. 이러한 분석에서 예수, 하느님, 성령, 바오로, 혹은 베드로와 같이 중요하고 특별한 인물이 주로 다뤄지는 것은 당연하다. 그와 더불어 헤로데 안티파스나 바르나바와 같이 반복적으로 등장하는 보조 인물이나, 바리사이인들과 같은 집단적 등장인물도 관심을 받았다. 이러한 해석의 결과로, 이 등장인물의 발전 과정뿐만 아니라 그들이 지속적으로 보여 주는 성격, 혹은 그중 몇몇이 새롭게 얻는 성격상의 특징 등을 더 잘 이해하게 되었다. 등장인물에 대한 연구를 단지 심미적 탐구로만 볼 수는 없다. 이런 분석은 독자들을 격려하고, 위로하고, 지도하고, 심지어 독자들이 자신의 성격character을 개발하도록 도전하기도 한다. 예를 들어 루카복음에서 독자는 예수가 하는 말이나 행동을 통해서 그에 대해 알게 될 뿐만 아니라, 다른 등장인물들이 예수에게 말을 건네거나 예수에 대해 말하는 내용을 통해서도 그를 알게 된다.

좋은 예로, 예수가 이사야서 두루마리를 펴서 읽고 자신을 예언자로 명명하는 장면(루카 4,24)에서, 선언적 설교(루카 4,16-30)를 통해 '예언자'로서의 성격을 얻는다. 그는 예루살렘을 향해 가는 길(루카 13,33)에서 예언자적 성격에 대해 다시 말한다. 군중들도 그가 나인에서 과부의 아들을 되살리자(루카 7,16) 그를 예언자로 규정짓는다. 마지막으로, 엠마오로 가던 제자들도 길에서 합류한 낯선 이에게 예수에 대해 설명할 때에 이 명칭을 사용한다. "그분은 하느님과 온 백성 앞에서, 행동과 말씀에 힘이 있는 예언자셨습니다"(루카 24,19).

등장인물들은 루카-사도행전의 베드로의 경우와 같이 내러티브 안에서 변화하기도 한다. 루카복음에서 베드로는 예수를 3번 부인한 장면(루카 22,54-62)에 마지막으로 등장한다. 이와는 대조적으로 사도행전 전반부에서 베드로는 예수를 그리스도로 증언하는 담대한 설교자이자, 성경의 뜻을 밝혀 주는 자이며, 예수처럼 치유하는 자로 등장한다. 베드로 같은 인물이 보여 주는 극적인 변화는 신앙에 더욱 충실한 삶을 살고자 애쓰는 이들에게 영감과 격려를 준다. 마지막으로, 사도행전에 등장하는 바르나바와 필리포스와 같은 보조 인물에 대한 연구는, 그들이 초기 그리스도교의 발전 과정에서 수행했던 역할의 중요성과 이들이 어떻게 이야기 속 인물을 넘어 모범적인 인물이 되었는지를 알게 해 준다.

내러티브의 또 다른 측면인 공간적, 시간적 배경도 신약성경 연구에서 관심을 끈 부분이다. 어떤 공간적 배경들은, 특히 그것이 여타 일반적인 공간적 배경과는 다를 경우에, 의미를 지닌 것으로 밝혀졌다. 예를 들어 마태오복음에서 마지막 8개의 장이 펼쳐질 예루살렘으로 향하기 이전, 가장 흔한 공간적 배경은 갈릴래아의 여러 마을이다. 매우 의미심장한 세 가지 장면, 즉 산상설교(마태 5,1-7,28), 거룩한 변모(마태 17,1-8), 그리고 소위 '위대한 사명의 수여'(마태 28,16-20)는 산 위에서 벌어지는 장면으로서, 주변의 일화들과 비교해서 이 장면들을 문자 그대로 두드러지게 해 준다.

시간적 배경은 내러티브의 진행 속도를 높이거나 낮출 뿐만 아니라, 이야기의 전환을 나타내기도 한다. 예를 들어 세 권의 공관복음서 모두에서 거룩한 변모 이야기는 이전 사건으로부터 엿새 뒤(마태 17,1; 마르 9,2), 혹은 여드레 뒤(루카 9,28)라는 시간적 언급과 더불어 시작한다. 기간의 표시는 어떠한 조건의 의미를 알아차리게 한다. 일례로 공관복음서에서 예수는 광야에서 40일을 머무는데, 이는 이스라엘 사람들이 광야에서 보냈던 40년이라는 세월을 상징할 뿐만 아니라 예수가 그곳에서 머무는 동안 얼마나 오랫동안 철저하게 시험을 받았는지를 보여 준다. 마찬가지로 하혈병에 걸린 여인은 이 병으로 열두 해 동안 시달렸는데(마르 5,25), 이는 병의 위중함을 알려 준다. 마지막으로, 어떤 사건에 의미를 더해 주는 시간적 배경들도 있다. 예를 들어 네 복음서 모두에서 예수는 밤에 체포되고 파스카 축제 시기에 사형을 당한다. 니코데모는 밤중에 예수를 찾아오는데(요한 3,2), 이러한 시간적 배경은 니코데모가 자신과 예수의 만남을 외부에 알리고 싶어 하지 않는다는 인상을 준다.

그리스도교 성경 전체는 창조 이야기로 시작하여 요한묵시록으로 끝마치는 이야기로 구성되어 있다. 서두와 말미의 이 두 가지 이야기 사이에서, 하느님의 백성은 수많은 내러티브를 거쳐 간다. 따라서 이야기의 움직임과 구성 요소를 연구하는 내러티브 비평은 성경의 많은 부분을 연구하는 데 유용한 도구이다. 이어지는 단락도 내러티브 비평과 긴밀하게 연결되는데, 내러티브 비평과 기호학은 둘 다 이야기의 여러 가지 측면에 관심을 가지기 때문이다.

기호학은 1970년대 성서학계에 등장한 이후 몇 가지 이름으로 불려 왔다. 초기 학자들은 그들의 접근법을 '구조주의'나 '구조주의적 분석' 등으로 불렀다. 오늘날에는 '기호학' 또는 '기호학적 분석' 등의 용어가 이러한 종류의 텍스트 연구를 지칭하는 데에 가장 빈번하게 쓰인다. 문학에 존재하는 여러 기호학 모델 중에서 알기르다스 줄리앙 그레마스Algirdas Julien Greimas(《구조의미론*Sémantique structurale*》, 1966)가 개발한 모델이 성경 분석에 주로 사용되어 왔다. 이 모델은 블라디미르 프롭Vladimir Propp이 러시아의 민담을 연구하기 위해 고안한 더욱 복잡한 분석 체계를 그레마스가 단순화한 것에서 비롯되었다. 그레마스는 프롭의 범주들을 사용하여 내러티브를 분석하기 위한 모델을 만들었다. 뒤이어서 성서학자들이 내러티브 연구를 위해 이 분석 틀을 도입하였다. 성서학자들은 내러티브 외에, 시편, 예언서, 신약성경의 서간문 등의 다른 성경 자료에서 짧은 내러티브 단위가 나타나는 경우에도 이 접근법을 성공적으로 적용하였다.

어떤 모델이 사용되든, 모든 기호학적 접근은 잘 규정된 원칙들을 따른다. 첫 번째 원칙은 **텍스트의 내재성**the immanence of the text이다. 각각의 텍스트는 그 자체로 의미가 있다. 따라서 기호학적 분석은 텍스트를 설명하기 위해 역사적, 지리적 정보 등 텍스트 밖의 요소들을 사용하지 않는다. 두 번째 원칙은 **의미의 구조**the structure of meaning라고 불린다. 의미는 텍스트를 구성하는 여러 가지 요소의 관계, 특히 차이의 관계에서 비롯된다는 것이다. 예를 들어 '열린'은 '닫힌'과의 차이로 인해서 의미가 생기고, '가난한'은 '부유한'과의 차이로 인해서 의미가 나타난다. 세 번째 원칙은 **텍스트의 문법**the grammar of the text이다. 각 텍스트는 담론, 내러티브, 논리의 관점에서 서로 결속하는 구조를 가지고 있다. 이러한 문법은 각 텍스트마다 고유하다. 이 원칙들의 근원에는 성경 텍스트가 다윗 임금의 예루살렘이나 예수의 갈릴래아 같은 세계를 나타낼 뿐만 아니라, 명확한 가치와 관계에 바탕을 두고 이런 세계들을 조직하고 구조화한다는 확신이 있다. 텍스트의 구조적 조직은 철저한 독해를 통해 드러난다.

그레마스의 틀에 따른 접근법은 더욱더 세부적으로 분석한다. 이 접근법을 사용하기 전에 연구자는 시간, 공간, 행위자의 통일성에 의거하여 성경의 내러티브에서 각 단위를 구분해 두어야 한다. 그레마스는 각각의 내러티브가 아래 도식에 나타난, 일종의 규범적 요소들과 관계들을 포함한다고 여긴다.

이 도식을 통해 내러티브는 다음의 요소들을 포함하고 있음을 알 수 있다. (1) **발신자**는 **수신자**에게 **대상**을 전달하고자 한다. (2) 이를 달성하기 위해 발신자는 **주체** 혹은 **주인공**을 움직이게 하며, 그 과정에서 주인공(주체)은 도움(조력자)을 받거나 장애물(반대자)을 만나게 된다. 이야기 속 모든 기능이 반드시 등장인물일 필요는 없다. 이 도식은 각각의 내러티브가 일종의 **여행**이라는 점도 보여 준다.

그레마스의 모델을 적용하여 단위를 연구할 때, 첫 번째 작업은 해석자가 행위자, 시간적 표지, 공간적 표지 등과 관련된 인물/요소figure들을 식별하고 분류하는 담화 분석이다. 예를 들어 루카복음에서 '죄인'이라는 요소는 비록 단어 자체가 실제로 사용되지 않더라도, '세리', '잃은', '눈먼' 등의 다른 용어로 표현될 수 있다. 두 번째 작업은 선택한 인물/요소들의 흐름을 파악하여 본문이 이를 어떻게 활용하는지 보는 것이다. 예를 들어 루카복음의 되찾은 아들의 비유(루카 15,11-32)에서 '작은아들'이라는 행위자와 연관된 용어는 무엇일까? '자기 몫의 가산', '탕진', '곤궁', '돼지치기' 등이 이에 속할 것이다. 세 번째 작업은 가장 어려우면서 가장 생산적이다. 이는 본문의 각 인물/요소가 다른 인물/요소들과의 관계에서 어떤 주제적 의미를 가지는지 찾는 것이다. 예를 들어 '작은아들'이라는 인물이 본문의 다른 인물/요소인 아버지, 큰아들, 상속재산, 아버지가 명한 잔치 등과 관련해서 어떤 주제적 관계를 맺고 있는지 살펴볼 수 있다. 작은아들은 아버지와 독립적이면서도 의존적인 관계를 맺고 있는데, 이 관계는 작은아들과 큰아들의 관계가 '돈의 탕진과 잔치' 대 '재산의 보존과 금욕적인 삶'인 것과 대립된다. 네 번째 작업은 내러티브의 인물/요소들이 상황을 변화시키거나 변화를 가로막기 위해 어떻게 기능하는지를 살펴보는 것이다. 두 아들을 가진 아버지에 관한 이 비유에서 기근은 작은아들이 결국에는 집으로 돌아오도록 돕는 요소이지만, 큰아들은 즐기고 기뻐하자는 아버지의 간청을 가로막는다. 이러한 여러 작업을 수행하면서, 해석자는 아래에 제시된 **여행**의 갖가지 요소를 식별한다. 루카 15,11-32에서 작은아들은 독립을 향해 **여행**한다고 할 수 있다. 다음으로는 이 모험을 통해 획득한, 일종의 **지식**을 생각해 볼 수 있다. 여기서 작은아들은 자신의 여행을 통해 아버지의 집이 머물 만한 곳이라는 지식을 획득한다. 이어서 **행위**, 즉 상황을 변화시키기 위해 취한 행동을 생각해 볼 수 있다. 작은아들은 집으로 돌아가기로 결정하고 자신의 결정에 따라 행동한다. 마지막으로 취한 행동의 **인가** 혹은 **평가**를 생각해 볼 수 있다. 루카 15,11-32에서 아버지가 아들을 환영하는 것은 작은아들이 집으로 돌아오기로 한 결정을 인가하는 것이다. 이러한 다양한 작업은 기계적으로 순서대로 진행되는 것이 아니다. 해석자는 특히 기호학이 텍스트의 다양한 측면이 어떻게 서로 연결되는지를 보여 준다는 가정하에, 한 가지 작업에서 얻은 새로운 통찰이 다른 작업들에 영향을 줄 수밖에 없어 작업 순서가 앞뒤로 오간다. 그러므로 기호학은 텍스트의 심층 구조를 연구하지만, 구조를 파악하는 과정에는 해석자의 주관이 개입될 수 있음을 유의하여야 한다.

수사학 비평은 또 하나의 문학적 방법론으로 객관성의 지향/방향성을 내세우기는 하나 반드시 그런 것은 아니다. 이 비평은 기호학과는 다르게 텍스트 표면에 나타나는 구조에 더욱 집중한다. 이는 《수사학*Ad Rhetorica*》에서 수사학을 "설득의 수단"이라고 정의한 아리스토텔레스로 거슬러 올라간다. 아리스토텔레스는 주로 연설이 지니는 설득의 가능성에 유의하면서 논리적 논증의 중요성과 입증 방식, 그리고 연설자가 갈고닦은 기교 등을 핵심 요소로 삼는다. 그 후로 키케로, 퀸틸리아누스 등의 저자들이 쓴 수사학 교본들은 대중 연설 기술로서 수사학이 지닌 설득력의 특징들을 상세하게 기술하였다. 수사학에 대한 이러한 상세한 기술과 더불어, 기원전 4세기에 글쓰기의 사용이 늘어나면서 글을 읽고 쓰는 능력도 광범위하게 퍼져 나갔다. 연설문, 이야기, 낭송문이 자주 글로 굳어졌다. 게다가 정치권력이 주기적으로 자유 발언을 억압하면서 말로 하는 담론의 기회를 줄였다. 설득의 수단이던 수사학은 점차 대중 연설의 기술에서 작문의 기술로 변화했다. 수사학이 연설에서 글쓰기로 넘어가는 과정은 문체, 어순, 비유법, 그리고 작문에 도움이 되는 것에 관한 저작들을 통해 뒷받침되었다. 그리스도교 시대가 시작되면서 수사학은 '대중 연설의 기술'과 '작문의 기술'이라는 두 가지 구성 요소를 지닌 분과로 공고하게 확립되었다.

현대의 성경 연구에서, 고전 수사학의 두 가지 발전 양상을 반영하는 두 가지의 수사학 모델이 오늘날 성서학자들의 주요 저작을 이끌고 있다. 아리스토텔레스와 다른 고대 수사학자들의 지침/규칙은 신약성경의 본문 해석에 자주 사용된다. 대중 연설에 대한 헬레니즘 시대의 정의와 고전 시대의 범주에 의거하여 다섯 단계의 수사학적 분석 절차가 종종 사용된다. 이는 수사적 단위, 수사적 상황, 수사적 논증, 수사적 장치, 그리고 하나의 공시적 전체a synchronic whole를 이루는 수사적 단위 등을 연구하고 정의하는 일에 관심을 둔다. 이 요소들이 모두 적용되는지의 여부와 이들이 어떻게 분석되는지는 각각의 해석마다 차이가 있다.

그리스 로마 수사학에 대한 지식은 신약성경을 구성하는 글들이 어떻게 작성되고 전달되었는지를 이해하는 데 도움을 주었다. 신약성경이 형성된 1세기 그리스 로마 사회에서는 청중이 주로 구연口演/구술 연행을 통해 문학작품을 접하였는데, 이는 문해력이 낮았고 제작 비용과 시간이 많이 소요되어 필사본이 드물었던 까닭으로 보인다. 글은 처음 들었을 때에 바로 강한 인상을 줄 수 있도록 작성되었는데, 청중이 여가 시간에 글을 다시 접할 수 있는 기회가 거의 없었기 때문이다. 또한 당시 고등교육은 본질적으로 수사학 공부였는데, 대중 연설 기술의 연마가 정치적 목적을 달성하는 데에 필수적이었기 때문이다.

신약성경의 연구에서 수사학 비평은 특정 목적을 달성하기 위하여 본문이 특정 설득 수단을 어떻게 사용하는지를 평가하는 방법이다. 이 본문들은 수사학적 원칙에 따라 작성된 연설을 듣던 1세기나 2세기 청중을 위해 고안되었기에, 그 효과가 어떠했을지 현대의 청자가 알아내기는 쉽지 않다. 초기의 수사학 비평은 그리스 로마 수사학 교본들에서 발견되는 형태를 자주 반영하며, 저자의 교육 수준이 높다고 여겨지는 바오로의 서간들에 집중하였다. 그러나 얼마 지나지 않아서 분명해진 것은 신약성경의 다른 서간들이나 복음서들과 사도행전도, 보통 소규모이기는 하지만 그러한 형태들을 반영하고 있다는 점이었다. 더욱이, 한 사회에서 다른 사회에 이르기까지 그다지 큰 차이를 보이지 않는 수사학의 기본 원칙을 익히기 위해서 공식적인 고등교육을 받을 필요는 없었다. 대중 연설을 자주 접하다 보면 누구나 기본 개념을 습득할 수 있었고, 그러다 보니 이 개념들을 반드시 의식적으로 사용하는 것도 아니었다.

그리스 로마 수사학은 주요한 연설 형태를 세 가지로 상정하였다. **법정/사법적**judicial 연설은 청중이 과거에 발생했던 사건에 대해 판단하도록 설득하는 데에 초점을 맞춘다. 이러한 연설은 가장 전통적인 구조를 지닌다. (1) '머리말proem'은 청중의 관심을 끌고 공감을 얻기 위한 도입부이다. (2) '진술narratio'은 사실을 서술한다. (3) '주제 제시propositio'는 서술자가 입증하고자 하는 사항을 언술한다. (4) '입증proof'은 증거를 정교하게 제시한다. (5) '논박refutatio'은 반대의 견해를 제시한다. (6) '맺음epilogue' 또는 '마무리peroratio'는 논증을 요약하고, 올바른 판단을 위하여 감정을 고취시킨다. 이외의 연설 형태들은 청중이 미래에 어떤 행동을 취하도록 설득하는 데 초점을 맞춘 **심의적**(審議的, deliberative) 연설과, 단순히 청중이 현재에 어떤 관점을 가지도록 납득시키는 데 초점을 맞춘 **의식적**(儀式的, epideictic) 연설이다. 이 역시 찬양이나 비난에 적합한 연설 형태이다. 이 두 형태의 전통적인 구조는 진술과 논박을 생략하여 **법정** 연설보다 조금 단순하다.

신약성경에 나타나는 모든 연설을 이 세 가지 형태 중 하나에 끼워 맞추려는 유혹은 경계해야 한다. 고대에는 이들을 결코 엄격한 지침으로 이해하지 않았기 때문이다. 오히려 이러한 체계는 자주 나타나는 패턴과 연설문의 부분들이 서로 연관되는 방식을 드러내는 도구로 여겨졌다. 고전학자 조지 케네디George A. Kennedy의 《수사학 비평을 통한 신약성경 해석*New Testament Interpretation through Rhetorical Criticism*》(1984)에 힘입어 신약성경의 일부 단락들을 수사학 관점에서 연구하는 움직임이 활발해졌다.

예를 들어 케네디는 코린토 1서에서 도입부의 구성 방식이 **법정** 수사학에 상응하는 패턴을 보인다고 제안했다. 발신자(1코린 1,1)와 수신자(1,2), 그리고 인사말(1,3)을 제시한 후, 서간은 머리말(1,4-9)로 넘어간다. 여기에는 청중이 도달한 신앙의 상태에 대한 감사와 칭찬이 담겨 있다. 다음에는 화자가 주장하고자 하는 요지를 제시한 명제가 이어지는데, 공동체 구성원들 사이에 분열이 없어야 한다는 것이다(1,10). 이 원칙은 바오로가 전해 들은 보고와 공동체에 존재하는 다양한 분파(1,11-12)에 대해 그가 진술에서 간략히 요약한 바에 근거한다. 사도는 그러한 분열에 반대하는 논증을 전개하고(1,13-17), 자신의 설교가 세련되지 못하다고 여기는 이들로부터 제기될 가능성이 있는 반론을 논박한다(1,18-29). 맺음은 그리스도가 그들을 위해 무엇을 했는지를 강조하면서 마무리되고(1,30), 요점을 분명히 하기 위해 성경을 인용한다(1,31). 초기 그리스도인들에게 성경은 논지를 뒷받침하는 근거를 제공하였다. 심지어 사탄도 예수와 논쟁할 때에 성경을 인용한다(마태 4,6).

산상설교(마태 5-7장)의 경우도 **심의적** 수사학의 한 예로 볼 수 있다. 이 설교는 공간, 등장인물, 주제의 일치를 보여 주는 분명히 구분된 단위이다. 참행복 선언과 땅 위의 소금과 세상의 빛에 관한 말씀(5,1-16)은 예수가 청중의 관심을 끌고 공감을 얻어내는 머리말을 구성한다. 예수가 율법을 완성하러 왔다는 말씀은 그 다음에 나오는 주제이다(5,17-20). 이어지는 입증은 주제 제시를 뒷받침하는 논증을 제공한다(5,21-7,20). 맺음은 제자직의 조건으로 결말 짓는다(7,21-27).

바오로가 코린토 신자들에게 예루살렘 교회를 위한 기금 마련을 독려하는 글(2코린 9장)은 **의식적** 수사학의 한 예이다. 머리말은 기금에 협조하려는 청중의 열의를 높이 평가한다(2코린 9,1-2). 코린토 신자들에게 지금까지의 진행 상황을 언급하는 짧은 진술이 계속된다. 그가 그들에게 몇몇 형제를 보내어 자신이 마케도니아 신자들과 함께 도착할 때에 모든 것이 준비될 수 있도록 확실히 해 두겠다는 것이다(9,3-5). 이는 비유로 표현된 주제 제시로 이어진다. 씨를 많이 뿌리면 수확도 많다(9,6)는 말은 관대하게 베풀면 보답이 따른다는 의미이다. 논증(9,7-10)은 칠십인역 잠언 22,8의 인용을 포함한다. 하느님은 기쁘게 주는 이를 사랑하신다는 것과 하느님의 섭리에 대한 일반적 언급(9,8)이 시편 112,9의 인용(9,9)으로 뒷받침되고, 결론은 논증의 모든 부분을 단순히 재언급한다(9,10-11ㄱ). 맺음(9,11-14)은 코린토 신자들에게, 하느님께서 관대하셨듯이 그들도 관대해지고 예루살렘 공동체와 연대하고 있음을 보여 주도록 독려한다. 이러한 방식의 수사학 비평에서 가장 큰 도전은 더 작거나 더 넓은 범위에서 수사학적 단위를 올바르게 식별하려는 노력에 있다.

수사학에서 '작문의 기술'에 주목하는 고전적 연구들은 성서학에서 두 번째 형태의 수사학 비평을 위한 배경을 형성한다. 이 접근법은 구약성경의 연구에 더욱 빈번하게 사용되었는데, 이는 히브리어 작문의 구조 및 문체적 요소, 그리고 형식과 내용의 분리 불가능성에 중점을 둔 제임스 뮬렌버그와 그의 제자 필리스 트리블Phyllis Trible의 영향에 따른 것이다. 이 접근법은 흔히 '꼼꼼히 읽기close reading'라고 불리며, 평행법, 언어유희, 반복, 교차 구조 및 기타 형식적 장치들과 같은 특징에 주목한다. 이러한 장치들은 의미를 생성하는 과정에서 내용을 생동감 있게 만드는 역할을 한다. 2사무 14,1-22에서 요압은 트코아의 어느 지혜로운 여인을 불러 과부로 행세하도록 하여, 다윗이 유배 간 아들 압살롬에 대해 결단을 내리도록 은근히 설득하게 한다. 과부로 행세한 여인이 왕 앞에서 꾸며낸 이야기는 "아, 저는 과부입니다, 제 남편은 죽었습니다"(5절: 저자 직역)로 시작한다. 이 여인이 서두에서 하는 각각의 말은 모두 히브리어의 첫 글자인 알레프(א)로 시작(איש, אני, אלמנה, אשה, אבל)한다. 다섯 번 반복되는 알레프(아) 음의 두운법은 그녀가 왕 앞에서 처음으로 자신을 소개하고 탄원하는 장면에 고통스러운 한숨을 불어넣는 역할을 한다. 여인은 자신의 이야기를 마치면서 "이 땅 위에서 제 남편에게 이름도 자손도 남겨 두지 않으려고 합니다"(7절)라고 말한다. 왕에게 전하는 자신의 이야기의 시작과 끝에서 "제 남편"이라는 표현을 반복함으로써 일종의 반복 구문 구조inclusio를 형성하여 그녀의 상실이 모든 것을 뒤덮고 있음을 암시한다. 게다가 세 부분으로 이루어진 그녀의 이야기는 그녀가 겪는 사회적 고난이 점점 고조되는 상황을 수사학적 구조로 형상화한다.

남편의 죽음

아, 저는 과부입니다, 제 남편은 죽었습니다(5절).

한 아들의 죽음

이 여종에게는 두 아들이 있었는데, 그들은 들판에서 서로 싸우다가 말리는 이가 없어, 아들 하나가 다른 아들을 쳐 죽이고 말았습니다(6절).

죽을 위기에 처한 다른 아들

> 그런데 이제 온 집안이 이 여종에게 맞서 일어나 말합니다. '제 동기를 죽인 자를 내놓아라. 그가 살해한 동기의 목숨 값으로 우리가 그를 죽여 상속자마저 없애 버리겠다.' 이렇게 그들은 남은 불씨마저 꺼 버려, 이 땅 위에서 제 남편에게 이름도 자손도 남겨 두지 않으려고 합니다(7절).

그녀의 이야기 형식이 점차 확장되는 것은 그녀가 겪는 상실이 점점 심화되는 과정과 맞물려 있다. 남편의 죽음에서 시작하여 한 아들의 죽음을 겪고, 또 다른 아들마저 잃을 위기에 처함에 따라 그녀의 언어적 표현 또한 점점 더 풍부해진다. 따라서 고조되는 수사적 표현은 왕의 면전에 내놓는 그녀의 간청이 지닌 절박함을 점증시키는 것은 물론이고, 이 지혜로운 트코아 여인의 담대한 수사관적 재능도 공고히 보여 준다. 수사학적 기술은 이야기의 문학적 아름다움 이상의 것을 드러낸다. 그것은 본문의 다양한 측면을 밝히며, 이야기의 표면적 수준을 넘어서 우리의 이해를 깊게 하고 통찰을 제공할 수 있다. 예를 들어 요나서의 내러티브 처음 부분은 요나 예언자가 타르시스로 도망치려는 모습을 묘사하며 시작한다. "그러나 요나는 주님을 피하여 타르시스로 달아나려고 길을 나서 야포로 내려갔다. 마침 배를 만났는데, 그 배는 타르시스로 가고 있었고, 그는 뱃삯을 치르고 배에 올랐다. 주님을 피하여 사람들과 함께 타르시스로 갈 셈이었다"(요나 1,3; 역자주: 이곳과 아래 교차 구조에 나타난 번역문은 저자의 수사학적 설명에 맞추어 히브리어 원문의 어순에 따라 우리말 어순과 표현에 약간의 변화를 주었다). 히브리어 원문의 어순은 좀 더 정교한 설명을 요청하는 수사적 특징을 보여 준다.

ㄱ. 요나는 주님*Yhwh*을 피하여 타르시스로 달아나려고 길을 나서

ㄴ. 야포로 내려갔다.

ㄷ. 마침 배를 만났는데,

ㄹ. 그 배는 타르시스로 가고 있었고,

ㄷ′. 그는 뱃삯을 치르고

ㄴ′. 배에 내려섰다.

ㄱ′. 주님*Yhwh*을 피하여 사람들과 함께 타르시스로 갈 셈이었다.

(Trible, 129)

여기에 나타나는 히브리어 어순의 교차 구조는 비록 요나가 하느님의 부르심을 피하여 타르시스에 숨으려는 계획을 세우지만, 사실 그는 주님의 현존으로 둘러싸여 있음을 암시한다. 이로써 독자에게, "그 누군들 모든 것을 둘러싸시는 주님의 현존에서 도망칠 수 있는가?"라는 질문이 던져진다. 수사학 분석에서 비롯된 이러한 풍성한 성과들은 신구약 성경 본문의 해석을 더욱 풍요롭게 만들어 주었다. 따라서 교황청 성서위원회가 옳게 보았듯이, "모든 성서 본문이 어느 정도 설득력있는 본문이라 할 수 있기에 수사학에 대한 지식은 성서 주석의 기본 도구가 되어야 한다"(《교회 안의 성서 해석》 42).

내러티브 비평과 수사학 비평의 경우처럼, 현재 성경 해석에 쓰이는 또 다른 문학적 방법론도 객관성 지향에 초점을 맞춘다. 상호텍

스트성intertextuality은 명칭에서 알 수 있듯이 텍스트들의 상호 관계에 관심을 둔다. 하지만, 이 상호 관계가 무엇으로 이루어져 있는가에 대해서는 학자마다 강조점이나 주장하는 내용이 서로 다르다. 비록 이 단어(intertextuality)가 1960년대 줄리아 크리스테바Julia Kristeva에 의해 처음 도입되었지만, 이 접근법의 일부 형태는 플라톤과 아리스토텔레스 시대에도 이미 찾아볼 수 있다. 연설과 저술에서 모방은 웅변술이나 작문 기술을 발달시키는 방법 중 하나였다. 이렇게 형식과 내용을 자유롭게 빌려 쓰는 것을 초기 상호텍스트성을 연구한 학자들은 '영향 이론influence theory'이라고 불렀다. 이 영향은 모방, 오독誤讀, 패러디, 전승의 일부 차용, 또는 다른 텍스트에 대한 암시의 형태로 나타날 수 있다. 이는 이전의 텍스트가 이후의 텍스트에 영향을 주었고 이후의 텍스트는 이전의 텍스트를 활용, 차용, 혹은 모방한다는 것이었다. 출전비평이나 전승비평을 하는 성서학자들은 상호텍스트적인 영향의 형태를 추정하였다. 예를 들어 한 예언자의 본래의 발언이 다른 예언서 본문에 반복되거나 암시되고 혹은 정교화된 형태로 나타난다고 보고, 거기에서 본래의 발언을 분별해 내려는 작업을 하였다. 마찬가지로, 신약성경에 나타나는 구약성경의 인용에 대해서도 영향 관계라는 개념이 확실하게 적용되었다. 그러나 초기 교회가 그들 고유의 신학적 목적에 따라 구약성경을 활용할 때에, 종종 새롭게 가미된 의미로 인하여 본래 유대교 전통에 담겼던 고유한 의미가 희미해지기도 하였다.

러시아 문학평론가 미하일 바흐친Mikhail Bakhtin은 1920년대에 텍스트들의 상호의존성interdependence이라는 개념을 도입하였는데, 이는 후일 상호텍스트성이라 불렸다. 바흐친은 모든 텍스트적 표현이 다성多聲적이라고 주장하였다. 그에 따르면 각각의 텍스트가 이전 텍스트들과 현실이 지닌 다면적 가치를 드러낸다는 것이었다. 그는 이러한 관계를 대화성dialogicity이라고 부르면서, 한 텍스트를 이전 텍스트들과 나눈 하나의 대화라고 규정하였다. 따라서 모든 텍스트는 다른 텍스트들을 흡수하고 변화한 형태로 보았다. 바흐친과 크리스테바 두 사람이 말하는 상호텍스트성은 모두 텍스트와, 그에 앞서는 텍스트가 주는 영향 사이의 관계에 초점을 맞추었다. 예를 들어 두 어미가 이름이 제시되지 않은 어느 왕(대부분의 학자들은 요람이라고 본다) 앞에서 다투는 난해한 본문인 2열왕 6,24-33을 생각해 볼 수 있다. 북 왕국의 수도인 사마리아가 적군의 포위로 발생한 기근에 시달리자, 한 여인이 왕에게 소리치며 정치적 교착 상태에서 비롯된 참담한 위기에 대해 말한다. 그녀는 다른 여인과 서로의 자식을 먹기로 동의하였는데, 자신의 아이를 함께 먹고 나자 다른 여인은 자기 자식을 내놓기를 거부하며 아들을 숨겨 버렸다. 왕은 이에 자신의 옷을 찢으며 응답하고, 예언자 엘리사가 기근의 원인인 군사적 위기를 초래하였다고 탓하면서 그의 목을 벨 것을 서약한다. 일부 비평가들은 이 이야기 속에 다른 결말을 가진 솔로몬 임금의 이전 이야기가 삽입된 것으로 여긴다. 1열왕 3,16-28에는 두 여인이 솔로몬 앞에서 다투는 장면이 나온다. 밤중에 어린아이 하나가 죽었는데, 두 여인은 모두 남아 있는 어린아이의 생모라고 우긴다. 솔로몬은 어린아이를 둘로 가르라고 위협하여 이 위기에 대응하는데, 이때 아이를 포기해서라도 살리고자 한 진짜 생모가 밝혀진다. 이로써 솔로몬은 지혜로운 왕으로 평가받는데, 그의 이야기가 요람의 이야기에 삽입되면서 지혜롭게 처신하는 왕과 그렇지 못한 왕이 대조된다.

최근에, 학자들은 이러한 대화성이 텍스트가 작성된 시간의 흐름에 따라서만 발생하는 것이 아님을 인정하게 되었다. 대화성은 텍스트가 읽히는 방식에서도 나타난다. 솔로몬의 통치에 대해 살펴보는 독자는, 지혜에 대한 명성에도 불구하고 그가 재위를 마쳤을 때 철저히 부정적인 평가를 받았음을 보게 될 것이다. 그는 수많은 외국 여인과 혼인하고, 이방신을 위한 산당들을 짓고, 그들에게 향을 피우고 제물을 바치고, 백성에게 큰 부담이 되는 건축 계획과 과세를 실시하는 등 주님께 불충한 태도를 보였다. 백성은 크게 실망하였고, 솔로몬의 아들 르하브암이 즉위하자 나라는 갈라졌다. 독자는 두 어미 앞에서 그들 사이의 난제를 풀기 위해 아이를 반으로 가르라고 제안한 솔로몬의 이야기를 다시 읽으며, 이를 그의 지혜에 관한 이야기로 여기지 않을 수도 있다. 오히려 살아 있는 아이를 둘로 갈라 논쟁을 해결하려는 왕은, 그의 정책과 통치로 결국 나라를 분열시키는 왕을 예시한다. 독자의 입장에서, 상호텍스트성은 반드시 연대기적 순서를 따르지 않고 여러 방향으로 움직일 수 있다. 그래서 독자들 스스로가 텍스트를 접하며 내놓은 해석은 이제 그 이야기에 삽입되었던 텍스트와 나눈 대화의 일부가 된다. 따라서 이야기의 형성에 앞서는 텍스트와 독자의 관점이 만들어 내는 '텍스트'는 모두 상호텍스트적 해석에 참여하게 된다. 여러 가지 면에서 상호텍스트성은 성경 본문의 형성과 수용 과정 모두에 작용하는 다양한 영향들을 인식하는 것이라 할 수 있다. 텍스트가 형성되는 중에는 기존의 전승, 사회적 규범, 문화적 산물, 관습 등이 모두 텍스트에 자국을 남긴다. 이야기의 수용에서는 독자가 접한 예술, 영화, 성인聖人들의 삶, 친구들의 신앙 증언, 문화적 가치 등이 촘촘히 짜여서 그의 상호텍스트intertext를 이룬다.

신약성경에서도 본문 상호 간의 관계는 비슷하게 정의된다. 본문text을 다른 본문에서 비롯되는 재료를 서로 짜서 엮어 만든 직물textile로 비유하는 것을 진지하게 받아들인다면, 이 엮음이 이루어지는 다양한 방식을 생각해 볼 수 있다. 예를 들어 본문 안에서, 통상 더 잘 알려진 다른 본문을 어떻게 반향하는지 볼 수 있다. 그 결과 이 본문들의 한두 가지 핵심 단어만으로도, 잘 알려진 멜로디의 첫 소절처럼 청중에게 본문을 상기시키기에 충분하다. 리처드 헤이스Richard Hays의 선구적인 작품, 《바오로 서간에 나타난 성경의 반향*Echoes of Scripture in the Letters of Paul*》(1989)은 서간집 안에 나타나는 이러한 반향의 몇몇을 지도를 그리듯이 살펴본다. 예를 들어 필리피서 시작 부분에서 바오로는 그리스도를 위해서 현재 수감되어 있다고 이야기한다. 1장 19절에서는 더욱 구체적으로 "여러분의 기도와 예수 그리스도의 영의 도움으로 이 일이 나에게는 구원으로 끝나리라는 것을 알기 때문입니다"라고 말한다. 이 절의 전반부는 칠십인역 욥 13,16과 자구字句가 동일하다(역자주: '전반부'라는 표현은 그리스어 신약성경에 해당하며, 《성경》에서 해당하는 구절은 "구원으로 끝나리라는 것"이다). 바오로가 여기서 하는 말을 이해하기 위해서 욥기의 이 구절을 알아야 하는 것은 아니지만, 만약 그 구절을 알고 있다면 고통받는 의인인 욥의 이미지를 상기하면서 이를 바오로와 연관 지을 수 있을 것이다. 그러나 필리피서의 이 구절에서 바오로는 고통을 받으면서도 기뻐하며 수감 생활이 낳을 결과에 대해 긍정적인 태도를 보이지만, 그 병행 구절에서 욥은 기쁨의 원천이 되지 못하는 자신의 고통이 어떤 결과로 이어질지 확신을 가지지 못한다.

본문에는 단어들의 반향도 있지만, 로마 8,18-39에서 보듯이 이집트 탈출 이야기 같은 잘 알려진 내러티브를 반영한 경우도 있다. 하지만 로마서의 이 구절에서 울려 퍼지는 이야기는 탈출기에서 발견할 수 있는 것이라기보다는 호세아서·이사야서·예레미야서 같은 예언서 본문이나 집회서·바룩서·에녹서 등에서 발견되는 지혜문학 전통을 통해 재해석과 변형을 거친 이야기이다. 이 전통들은 자녀 됨 adoption, 성령님의 이끄심, 아버지로 표상되는 하느님께 부르짖음, 상속, 그리고 영광 등의 주제를 강조한다. 이것들은 로마서의 해당 구절에 반영된 가치들이다. 성경 내러티브 외에도 그리스 로마 내러티브의 반향도 살펴볼 수 있다. 예를 들어 루카복음서에서 예수를 처음으로 찾아온 사람들은 그분이 어떤 의미를 지닌 분인지를 전해 들은 목자들이다(루카 2,8-20). 대중적인 이야기의 등장인물인 오이디푸스, 파리스, 로물루스 같은 이들도 유아기에는 목자들과 관련되어 있다. 아기 예수가 목자들과 만난 순간은 매우 짧아 그러한 만남을 가진 다른 인물들과는 차이를 보이지만, 결국 이들은 모두 대중적 내러티브에서 중요한 인물로 자리 잡는다.

줄리아 크리스테바가 언급하였듯이, 텍스트는 고유한 일관성을 지닌 기호 체계systems of signs를 새로 만들어 낸다. 새로운 텍스트에 다른 텍스트의 부분들을 엮어서 새로운 기호 체계를 만들고자 할 때, 다른 텍스트에서 비롯한 기호 체계가 새로운 텍스트에 융합되더라도 완전히 사라지지 않고 저항하는 경우는 드물지 않다. 출전비평은 어떤 출전 자료가 텍스트에 삽입되면서 발생하는 긴장을 이미 알고 있었다. 상호텍스트성의 관점에서, 다양한 기호 체계의 충돌은 바흐친이 말한 텍스트의 대화적 측면을 잘 보여 준다. 일례로 묵시 5,5에서 언급하는 유다 지파의 사자는 창세 49,9의 반향인데, 여기서는 승리의 전사로 묘사되었다. 다음 구절에서 사자는 어린양(5,6)으로 변형되었는데, 어린 양은 보통 무방비한 모습으로 묘사되는 동물이다. 그러나 사자의 공격성은 쉽게 소멸되지 않고, 이후 적들이 그로부터 피하여 숨고자 하는 어린양의 진노(6,16)로 다시 나타난다.

신약성경 분야에서 상호텍스트성에 관련된 실제 연구에서는 그리스 로마 문헌보다는 유대교 정경의 본문들 간의 반향과 대화성에 좀 더 우선순위를 두는 경향이 있다. 마찬가지로 도상학iconography 같은 다른 차원의 문화나 경기 및 시합 같은 행사들보다는 성경 본문이 우선시된다. 문헌에 우호적인 편향성으로 인하여 다른 종류의 문화적 차원들이 간과되는 상황에 대해서는 비판적으로 의문을 제기할 필요가 있다.

한편, 현대의 청중은 그들 고유의 문화 안에서 성경 본문을 접하게 된다. 이 문화에는 1세기 청중이 접할 수 있었던 것과는 다른 현상들도 포함되어 있다. 이러한 현상들은 성경 본문과의 만남에서 상호텍스트적인 역할을 한다. 예를 들어 대부분의 현대 북미인들은 영화 〈스타워즈*Star Wars*〉의 몇몇 혹은 전체 시리즈와 그것이 묘사하는 세계관universe에 친숙하다. 그 세계관은 '포스force'(역자주: 영화에서 '포스'는 우주를 지배하고, 생명력을 구성하는 신비한 에너지이다), 제국, 반란, 악의 세력, 파괴, 그리고 구원하는 인물들(예를 들어 루크 스카이워커, 한 솔로, 레이)과 구원받는 인물들(예를 들어 다스 베이더, 핀) 등을 포함한다. 의식적이든 아니든 청중/관객은 이 영화 속 세계관과 성경 본문이 대화를 나누게 할 수 있다. 예컨대, 혹자는 '포스'와 루카-사도행전의 성령 사이에 어떤 종류의 기호 체계들의 대화나 충돌이 발생할 수 있는지 질문할지도 모른다. 둘 다 눈에 보이지 않고 그 안에 머무는 이들에게 힘을 주지만, 루카-사도행전에서 성령이 머무는 인물들은 제다이들과는 다른 목적을 추구한다. 상호텍스트성이 얼핏 보기에는 객관성 지향에서 기인하는 듯하지만, 앞의 예에서 보듯이 거기에서 비롯되는 의미의 생성이 실제로는 더욱 복잡하다. 텍스트 속에서 울려 퍼지는 이전 텍스트와의 상호텍스트성은 그 구성에 영향을 미칠 뿐 아니라 표현성 지향도 암시한다. 동시에 독자에게서 기인하는 상호텍스트와 그것들의 수용에 영향을 주는 요소들은 실용성 지향도 가능케 한다.

독자와 그들이 해석에 미치는 영향에 대한 관심이 고조됨에 따라, 성서학 분야에서 널리 발전한 또 다른 문학비평 이론은 독자반응 비평이다. 문학비평에서 가장 큰 관심사 가운데 하나는 본문이 누구를 대상으로 하는가, 즉 독자가 누구인가 하는 것이다. 독자에 대한 연구는 비평 이론에서 갖가지 후보를 이끌어 냈다. 이를테면 이야기 속 청자narratee(역자주: 본문의 내러티브 세계 안에서 화자가 말을 건네는 대상), 내포 독자implied reader, 수동적 독자, 이상적 독자, 처음 읽는 독자, 실제 독자, 독서 공동체 등이다. 일반적으로 내러티브 비평은 본문 안에 암시된 내포 독자에 관심을 기울인다. 한 이야기story는 여러 가지

직간접적 언급이나 암시를 통하여 내포 독자를 나타낼 수 있다. 이 독자는 내러티브에서 설정된 존재이며, 텍스트 내부의 단서들은 내포 독자로부터 예상되는 반응을 알려 준다. 예를 들어 시편이나 잠언에 나타난 일인칭 화자의 종교적 시들은 신앙이 충만하고 하느님을 경외하는 내포 독자를 상정하는데, 이는 신앙인일 수도 있고 신앙인이 아닐 수도 있는 잠재적인 실제 독자와 대조를 이룬다.

신약성경 가운데 루카복음은 복음서의 머리말(루카 1,3)에 그 책의 내포 독자를 명확하게 지칭한다. 실제 인물일 수도 있고 상징적 인물일 수도 있는 테오필로스는 '신의 친구' 또는 '신에게 사랑받는 사람'이라는 의미를 지닌 흔한 그리스 이름이다. 테오필로스는 이미 예수나 예수의 가르침에 관한 어떤 것들을 배웠다(1,4). 복음서는 단순히 이 가르침이 얼마나 견고한 것인지 확인해 주고자 한다.

따라서 내포 독자는 성경 본문에 설정되어 있고, 해석은 본문의 세계에만 집중한 결과물이다. 그러나 상호텍스트성이 시사했고 성경 해석학의 이론적 근거가 보여 주듯이, 해석은 한스 게오르크 가다머 Hans-Georg Gadamer가 말하는 지평의 융합fusion of horizons, 즉 텍스트의 지평과 독자(들)의 지평의 융합의 산물이기도 하다. 그러므로 독자반응 비평은 실제 독자와 실제 독서 공동체에게도 초점을 맞춘다. 본문의 영역과 이에 대해 알 수 있는 모든 것, 그리고 독자의 영역과 그 개인에게 미치는 모든 영향과 함께 의미 생산 과정에서 대화를 나누게 된다. 독자와 본문의 이러한 관계는 변증법적이다. 독자가 본문을 해석하는 동시에, 말하자면 본문도 독자에게 영향을 미친다. 따라서 생성된 의미는 독자가 본문으로부터 새롭게 만들어 낸다기보다 본문과 독자, 독자와 본문 사이의 역동적인 상호작용에서 비롯되는 해석으로 이해해야 한다.

독자의 역할에 이렇게 관심을 가지는 것이 자칫 해석의 무질서 interpretative anarchy, 즉 주어진 본문을 아무렇게나 해석하게 하는 결과를 낳을지 모른다는 우려가 있을 수 있다. 하지만 핵심 기준들은 이러한 해석의 정당성과 해석 방법의 결과를 뒷받침하는 근거가 된다. 주석 작업은 본문만이 아니라 독자, 그리고 이들이 분석에 미치는 특정 영향에 대해서도 비판적인 평가를 해야 한다. 여기서 독자는 자신들의 삶의 영역에서 어느 요소나 가치를 해석 과정에 영향을 주도록 허용할 것인가에 대해 자각하고 책임감을 가져야 한다. 또한 해석은 본문에 충실하여야 한다. 해석할 때 본문의 자구나 문법을 무시하거나 본문에 서술되지 않은 이야기를 말해서는 안 된다. 예를 들어 다윗과 밧세바 전승(2사무 11장)을 예술적으로 재현한 작품과 해석의 많은 예가 밧세바를, 다윗이 왕궁의 옥상을 거닐 때 그의 관심을 끌려고 하는 풍만하고 매혹적인 여인으로 묘사한다. 이와 비슷하게 통념적인 고대 그리스도교 전통은 마리아 막달레나(마태 27,56; 28,1; 마르 16,1-10; 루카 8,2; 24,9-11)를 창녀로 보지만, 그녀가 등장하는 구절들에서 이러한 신분이나 행위를 증명해 줄 만한 것은 전혀 없다. 이는 아마도 루카 7,36-50에 등장하는 이름 없는 여인을 무비판적으로 마리아 막달레나와 동일시한 데서 비롯한 듯하다. 본문에 대한 충실성은 이러한 해석을 막아 준다. 본문 어디에도 우리야의 아내나 마리아 막달레나에 대해 그러한 특정한 묘사를 지지하는 내용은 없다.

마지막으로, 독자반응 비평에서 해석의 정당성을 판단하는 또 하나의 본질적인 기준이 있다. 어떤 독자가 도출한 의미는 신앙의 공동체가 동의할 수 없을 만큼 과도하게 특이해서는 안 된다. 다시 말해, 성경 전승의 해석은 그 본문이 자리하는 신앙 공동체의 전통에도 충실해야 한다.

최근, 독자반응 비평은 해석 과정에서 독서 공동체의 특수성도 고려하게 되었다. 이들 집단은 자신들의 맥락, 민족성, 이념적 관점, 사회경제적 위치 등에 의해서도 정의될 수 있다. 혹자는 이러한 종류의 독법을 상황적 접근contextual approaches이라고도 하는데, 이는 독자 집단의 특수성이 독서 과정에 반영되기 때문이다. "본문의 해석은 언제나 독자의 마음가짐과 관심에 달려있다"(《교회 안의 성서 해석》 63)는 점에 관심을 두기 때문이다. 이러한 해석은 이 본문들의 사회 역사적 요소에 관심을 두게 할 수는 있지만, 그러한 재현에 대한 독자의 관점과 반응은 이 해석들을 문학적인 것으로 여기게 한다. 신앙인들이 성경과 같이 중요한 본문에 던지는 질문은 그들이 삶 속에서 마주하는 질문과 깊이 연결되어 있다. "따라서 몇몇 주석가들이 이제까지 충분히 주목을 받지 못한 현대 사상의 흐름에 부응하는 새로운 관점들을 자신의 저술에 채택한다는 것은 당연한 일이다"(《교회 안의 성서 해석》 63). 오늘날 특히 중요한 세 가지 관점은 성경 전승에 대한 해방주의, 여성주의, 탈식민주의적 읽기이다. 여기서 실용성 지향이 이 접근법들을 좌우하는데, 이 본문들의 수용과 본문이 특정 집단 독자에게 미치는 영향을 중시하기 때문이다. 예를 들어 1960년대 라틴 아메리카의 신학자들은 유럽의 정복자 시대부터 현재까지 특권 계급에게 억압을 받아 오며 점점 더 가난과 종속에 시달리는 토착민들의 입장에서 복음을 읽기 시작하였다. 이후 몇 년 동안 이미 권리를 박탈당한 계층에게 더 큰 폭력을 가하는 정치적 폭거들이 자행되었다. 해방신학자들은 이러한 공동체들의 필요와 희망에 토대를 두고 성경을 읽어 나감으로써, 억압당하는 민중에게 자긍심과 힘을 키워 주고자 하였다. 해방주의 운동의 주요 신학적 원칙 가운데 하나는 가난한 이들에 대한 하느님의 우선적 선택이다. 따라서 해방주의적 읽기는 이러한 성경 읽기 공동체의 산물이다. 그러한 해석들은 억압받는 공동체의 관심사와 더불어 가난하고 억압받는 이와 연대하며 읽는 이들의 산물이기도 하다. 탈출 20,2-3에 나타난 십계명의 첫 번째 계명이 그 예이다. "나는 너를 이집트 땅, 종살이하던 집에서 이끌어 낸 주 너의 하느님이다. 너에게는 나 말고 다른 신이 있어서는 안 된다." 일반적으로 이에 대한 해석은 하나이신 하느님과 이 구절에 제시된 우상숭배 금지 명령에 초점을 맞추는 경향을 보인다. 그러나 해방주의적 독법은 그들의 억압적 상황에 대한 체험에 근거하여 이 본문을 평가할 수 있다. 먼저, 그들은 탈출 20장에서 이루어지는 전환을 눈여겨본다. 즉, 이전 장에서는 하느님이 산 위에서 모세에게 말씀하시는데, 이제는 공동체를 향해 직접 말씀하시기 때문이다. 그리고 하느님의 첫 번째 자기 신원 진술self-identification, 즉 "나는 주 너의 하느님이다"라는 설명은 백성을 종살이에서 이끌어낸 하느님으로 더욱 명확히 정의된다. 하느님이 백성 앞에서 처음으로 당신이 누구이신지 이야기하는 장면에서, 거룩하신 분 당신 스스로를 억압받는 민족의 해방자라고 밝힌다. 그러므로 이 경우, 해방주의적 읽기는 여기에 나온 금지에 초점을 맞추기보다 억압받는 이들에게 이 하느님이 누구이신지에 관하여 계시된 것에 더 관심을 둔다. 오로지 이 하느님만을 섬기라는 명령은, 이분이 해방하시는 하느님이기 때문이라는 근거와 결부되고 있다.

신약성경에서 탈렌트의 비유(마태 25,14-30)는 전통적으로 자신의 탈렌트를 생산적으로 활용하라는 초대로 해석되어 왔다. 이러한 해석은 다가올 심판 앞에서 깨어 있으라고 강조하는 주변 맥락으로 정당화된다. 그렇지만 주인을 하느님의 대리자라고 알레고리적으로 해석하는 입장을 내려놓고 에피소드 자체만을 눈여겨본다면, 3명의 종 가운데 주인에게 야단을 맞는 마지막 종이 하는 말에 더욱 관심을 기울일 수 있다. 주인 앞에 선 이 마지막 종은 "주인님, 저는 주인님께서 모진 분이시어서, 심지 않은 데에서 거두시고 뿌리지 않은 데에서 모으신다는 것을 알고 있었습니다. 그래서 두려운 나머지 물러가서 주인님의 탈렌트를 땅에 숨겨 두었습니다. 보십시오, 주인님의 것을 도로 받으십시오"(24-25절)라고 선언한다. 놀랍게도 주인은 자신에게 속하지 않은 것을 가로채는 횡령자로 묘사한 종의 표현을 인정한다. "이 악하고 게으른 종아! 내가 심지 않은 데에서 거두고 뿌리지 않은 데에서 모으는 줄로 알고 있었다는 말이냐?"(26절). 주인에 대한 이 묘사를 통해 '다른 종들은 어떻게 돈을 더 벌어서 바쳤을까?'라고 질문해 볼 수 있다. 그들은 주인이 재물을 축적한 방식을 모방했을까? 만약 그러하였다면 주인은 그들을 자신만큼이나 사악하게 만든 것이 될 터이다. 또한 이 경우, 마지막 종은 주인이 재물을 모은 길을 따라가지 않고 그에게 용기 있게 맞선 유일한 사람이라고 할 수 있을 것이다. 주인이 그를 악하다고 부른 것과는 정반대로, 그는 이 이야기에서 유일하게 정의로운 사람이라 할 수 있다. 그는 자신의 의로움에 대한 보상 대신 오히려 사악한 주인으로부터 처벌을 받는다. 해방주의적 독법은 하느님을 심지 않은 데에서 거두고 뿌리지 않은 데에서 모으는 포식자 같은 주인으로 보는 알레고리적 읽기에 의문을 던진다. 또한 해방주의적 독법은 마지막 종을 억압자에게 저항하는 용기를 지닌 본보기로 추켜세운다.

본문의 해석에 유의미한 관점을 제공하는 또 다른 독서 공동체는 여성주의 학자들이다. 19세기 후반, 북미에서 소수의 여성들이 하나의 마음가짐과 목적을 가지고서 모였다. 이들은 여성의 해방과 남성과 동등한 권리의 획득을 지향하였다. 두 권으로 된 《여성의 성경 *The Woman's Bible*》(New York 1885, 1898)은 이러한 결의와 헌신이 남긴 흔적이었다. 20세기 전반에 가속도가 붙은 여성운동은 특히 1960년대에 활성화되었다. 이 운동이 처음에는 서반구에 커다란 영향을 주었고 이제는 전 세계적으로 영향력이 점차 확대되고 있다. 이론을 바탕으로, 학계의 거의 모든 분야에 영향을 주고 사회적·문화적·정치적 관습의 대부분에 폭넓게 도전하고 있는 여성주의 운동은 변함없이 여성의 동등한 권리 획득을 위한 투쟁에 나서고 있다. 독서 공동체로서 여성주의와 그에 입각한 해석법은 구약성경과 신약성경의 본문 모두에서 그들의 관심사가 담긴 관점으로 접근한다. 여성주의적 관점을 지닌 독자는 지금까지는 간과되어 온 이야기 속 여성 등장인물들의 역할에 관심을 기울이면서 그들 개개인의 특성을 자세히 서술할 수 있다. 여성들은 종종 이야기 속에 서술되는 은밀한 폭력뿐만 아니라, 이야기가 서술되는 방식에서도 그러한 폭력을 감지한다. 독자반응 접근법으로서 젠더에 기인하는 가난, 가정 폭력, 여성들이 발휘한 지도력이 무시당하는 상황, 협업한 여성들이 이루어 낸 진보 등 여성이 현대 사회에서 겪는 힘든 상황이 바로 이들이 텍스트로 가져오는 의제들이다. 예를 들어 이스라엘 역사에서 이집트 탈출의 시작은 전통적으로 모세와 그의 지도력과 연관된다. 그렇지만 여성주의의 꼼꼼한 읽기가 밝혀내듯이, 탈출 1-2장은 사내아이들을 죽이라는 파라오의 명령을 거부한 여성들의 소리 없는 용기와 지도력을 이야기한다. 그들이 없었더라면 모세의 생존과 그로 인한 이집트 탈출 자체가 불가능했을 것이다. 파라오의 명령을 거슬러 산파 두 사람은 남자아이들을 죽이기를 거부한다. 파라오의 명령에 반하여 어느 히브리인 어머니는 자신의 아이를 나일강에 던지기를 거부한다. 그 대신 그녀는 이 압제자를 거스르는 데에 따르는 위험을 무릅쓰고 자신의 아들을 구하고자 시도한다. 아이의 누이는 물가에 서서 바구니에 담긴 동생에게 무슨 일이 생길지 지켜본다. 그리고 파라오의 딸인 이집트 공주는 이집트 시녀들 앞에서 갈대 사이의 바구니에 실려서 우는 아이가 히브리인의 아이임을 알아차리고 인정한다. 공주는 아이의 어머니가 아이에게 젖을 먹이고 보살피게 해 주었고, 아이를 자신의 아들로 입양하여 모세라고 이름 짓는다. 이로써 이스라엘을 파괴하려는 파라오의 세 차례 명령은 이 통치자의 명령을 거부한 세 부류의 여성들에 의해 힘을 잃는다. 친숙한 이 이야기 속에서 민족성과 사회적 지위, 종교적 전통이 각기 다른 여성들이 모두 생명의 수호를 위해 행동한다. 따라서 이 여성들이 모세의 안전을 도모한 만큼, 그들도 이집트 탈출을 가능케 한 주요 인물이 될 자격이 있다.

신약성경에서는 엠마오로 가는 제자들 이야기(루카 24,13-35)가 여성주의적 독자들에게 강력한 반응을 일으켰다. 이야기는 엠마오로 가는 제자 두 사람을 묘사한다. 24,18에 언급되듯 그중 한사람의 이름은 클레오파스인데, 클레오파스는 남성의 이름이다. 또 다른 제자는 누구인가? 이는 청중이 의식적으로 또는 무의식적으로 채우게 될 빈칸이다. 수 세기 동안 내려오는 그리스도교 도상학을 고려하면, 이 빈칸이 대체로 또 다른 남성 제자로 채워져 왔음을 알게 될 것이다. 그러나 엠마오로 가는 제자를 2명의 남성으로만 묘사하는 것이 과연 루카 복음사가를 제대로 이해하는 것일까?

첫째, 루카는 다른 복음서보다 더 많은 제자를 출연시킨다. 이들 가운데에는 여러 번 언급되는 열두 제자도 포함된다. 여기에다 루카 10장에 나오는 72명의 제자단도 있다. 이름이 제시되는 몇몇을 포함한 여성들도 갈릴래아에서부터 열두 제자 곁에서 예수와 함께 여정을 계속한다(루카 8,1-3). 마지막으로 마리아와 마르타도 제자로 여길 수 있다. 특히 마리아는 예수의 발치에 앉았는데, 이는 사도 22,3에서 바오로가 자신이 가말리엘의 제자였음을 설명할 때에 사용한 완곡한 표현이기도 하다(역자주: 《성경》에서는 "문하에서"라고 옮겼다). 핵심은 루카복음에 나오는 제자들은 남성과 여성을 모두 망라한다는 것이다.

둘째, 루카는 복음서에서 빈번하게 남성과 여성을 병행하여 제시한다. 이러한 패턴은 복음서 초반부터 나타난다. 첫 번째 등장인물은 가브리엘 천사로부터 아들의 출생 예고를 받는 즈카르야이다. 곧이어 마리아 또한 남자아이의 잉태를 전하는 가브리엘 천사의 알림을 받는다. 여성주의 학자들은 성전 사제인 즈카르야가 이를 믿지 못하자, 아이가 태어날 때까지 말을 못하게 되는 점에도 주목할 것이다. 반면에 마리아는 기쁜 소식을 예견하는 요약본이라고 할 '마리아의 노래(마니피캇)'를 선포한다. 더욱이 루카는 남녀 등장인물을 번갈아 가며 등장시킬 때가 많다. 예수 탄생 예고 이야기에서 마리아의 역할에 이어, 요셉이 복음서에 소개된다. 갓 태어난 예수를 포함한 성가정이 예루살렘으로 갔을 때, 그들은 먼저 시메온을 만나고 그 후에는 한나를 만난다. 이 패턴은 치유 사화에도 이어져서, 예수는 게라사에서 마귀 들린 남자를 치유하고 난 직후에 하혈하는 부인과 야이로의 딸을 치유해 준다. 이 패턴은 13장에서도 발견되는데, 대체로 남성이 맡아서 하는 파종의 이미지와 여성이 맡아서 하는 제빵의 이미지가 나타나는 식이다. 비슷한 방식으로 15장 서두에는 잃어버린 양을 찾는 목자의 이야기와 잃어버린 은전을 찾는 여인의 이야기가 번갈아 나타난다. 같은 방식으로 루카복음 18장은 끈질기게 청하는 과부의 모습을 보여 준다. 이 단락은 바리사이와 세리를 비교하는 단락으로 이어진다. 마지막으로 루카복음 20-21장은 탐욕스러운 율법학자와 가난한 과부를 대조한다. 따라서 남성과 여성 등장인물을 이야기와 문학 양식 안에 나란히 제시하는 분명한 패턴이 루카에게서 나타난다.

이러한 패턴을 고려할 때, 클레오파스와 함께 엠마오로 가는 길에 나선 이름 없는 두 번째 제자를 여성으로 보는 것도 타당하다고 볼 수 있다. 엠마오로 가는 제자들을 2명의 남성으로 묘사한다면 해석자는 본문을 과잉 해석을 한 것이다. 루카가 남겨 두는 불확정성과 글을 작성할 때 여성 등장인물에게도 제자의 역할을 부여하는 그의 경향 또한 무시한 것이다.

여성주의자들이 시도하는 독자반응 비평은, 성경을 비평하는 특권을 누리는 이들이 간과하는 해방주의 그룹 같은 이들의 관심사 등 다른 독서 공동체들의 관심사를 공유한다. 본문을 해석하는 권한을 지닌 이들로부터 침묵을 강요당하거나 끌어들여진 독서 공동체들과 더불어, 여성주의자들은 본문에 대한 해석만이 아니라 본문 자체에 대해서도 의심의 해석학hermeneutics of suspicion을 동원한다. 본문 자체가 대개 승리자나 힘 있는 이들에 의해 작성되어 왔기 때문이다. 이러한 방식의 해석학 방식을 공유하면서 성서학 연구에 의미 있는 공헌을 해 온 또 다른 독서 공동체는 식민지 상황에서 벗어난 이들의 독서 공동체이다. 지난 몇 세기 동안 세 대륙의 여러 지역, 특히 아프리카, 아시아의 일부, 그리고 라틴 아메리카 등은 유럽 식민주의의 대상이 되어 왔다. 이로 인해 수많은 집단의 사람들이 자신의 문화적 정체성, 유산, 땅, 심지어 민족의 역사마저 빼앗겨야 했다. 해방주의자들이나 여성주의자들을 비롯하여, 자신들의 행복한 삶과 민족의 정체성이 폄하되는 권력의 차별과 억압을 경험한 다른 집단과 마찬가지로, 탈식민주의 독자들은 식민 지배를 받고 식민지 상황에서 벗어난 경험을 바탕으로 하는 그들만의 관점에서 본문을 해석한다. 이들의 관점은 구약성경의 이집트·아시리아·페르시아 제국과 신약성경의 로마 제국 등 제국에 관한 주제를 다루면서 이들 제국주의 세력이 성경 전승 안에 어떻게 묘사되는지 고려한다. 그들은 성경 이야기들이 억압받는 사람들과의 연대를 전달하는지, 아니면 지배 권력과의 동조를 드러내는지를 질문한다. 그들은 통찰력을 담아 이야기 속에서 침묵을 요구받고 비방당하고 잊힌 민족과 개인들에 대해 감수성을 가지고 읽으며, 성경 전승 안에서 그러한 폄하에 맞서는 예를 발견하기도 한다. 이제는 잘 알려진 예로, 북미 원주민인 로버트 A. 워리어Robert Warrior의 탈출기 읽기가 있다. 오랫동안 탈출기는 하느님이 이스라엘 백성을 선택하고 땅을 약속한 일이 성취되는 이야기로 읽혀 왔다. 그렇지만 토착민인 가나안 사람들의 관점에서 보면, 이는 그들이 동화되고 멸살되는 이야기이다. 서구의 독법에서 해방되어 식민화되었고 또 탈식민화되었던 상황에서 읽는 이들은, 다른 민족의 구원사의 일부에서 자신들의 땅에서 쫓겨나고, 소유물을 몰수당하고, 많은 동족이 몰살되는 고통을 겪어야 했던 가나안 사람들의 이야기를 듣게 된다.

이른바 '위대한 사명의 위임'이라 일컬어지는 마태오복음의 마지막 부분도 같은 맥락이다. "그러므로 너희는 가서 모든 민족들을 제자로 삼아, 아버지와 아들과 성령의 이름으로 세례를 주고, 내가 너희에게 명령한 모든 것을 가르쳐 지키게 하여라"(마태 28,19-20). 이 구절에서 영감을 받고 고무된 수많은 서구 그리스도교 선교사들은 수 세기 동안 먼 곳으로 가서 그곳 사람들에게 세례를 주고 예수가 명한 모든 것을 지키도록 가르쳤다. 이 구절에서 가장 큰 어려움은 예수가 명령한 내용의 범주를 어디까지 잡아야 하는가이다. 만약 이 구절이 속한 마태오복음에만 국한해서 본다면, 예수의 명령 전체는 상당히 적은 분량임을 알 수 있다. 예를 들어 산상설교에 나오는 참행복 선언과 기타 가르침들, 그리고 교회에서의 일상적 삶에 관한 몇 가지 규칙들(마태 18장)이 이에 해당된다. 이것은 그리스도인들이 세기를 거치면서 가르침의 양을 크게 늘려 온 이유를 설명할 수 있다. 그렇게 확대된 가르침에는 그것을 정교하게 만든 서구 문화의 특성도 반영되어 있다. '위대한 사명의 위임'으로 권한을 받았다는 생각으로, 서구 선교사들은 그들의 사고방식이 새겨진 확장된 계명들을 남북 아메리카, 아프리카, 아시아, 그리고 오세아니아 대륙에 전하였다. 그들은 자신이 그곳 사람들에게 가르치는 것이 하느님의 뜻과 말씀을 반영한다고 확신하였다. 그러한 방식으로, 그들은 문화적 식민주의의 열렬한 대행자가 되어 왔다.

탈식민주의 독서 공동체들은 인종, 문화 동화주의, 민족성, 사회계층 등의 쟁점에 매우 예민한 감수성을 지니고 성경 본문을 대하면서, 성경 전승과 성경 해석 모두에 도전적인 응답을 제기한다. 해방주의, 여성주의, 혹은 탈식민주의 같은 독서의 관점은 성경 이야기를 특정한 맥락에 어떻게 적용할 것인가에 대해 식별하는 독법과 해석의 윤리학을 촉진하도록 성서학계에 도전한다.

3. 문학적 비평의 장단점

성경 본문을 해석하기 위해 발전되고 동원된 여느 방법론과 마찬가지로, 문학비평 방식에 속하는 다양한 접근법도 단점을 지니며, 자체 안에 전제된 가정이나 실제 관행 때문에 일부의 반발을 야기하기도 한다. 이 가운데 네 가지는 언급할 가치가 있다. 첫 번째로, 본문의 최종 형태에 주로 초점을 맞추는 문학비평은 이 본문에서 일관되지 않거나 일치하지 않는 요소들을 간과한다. 종종 내러티브나 시의 일관성을 전제하며 접근하기에, 이 접근법은 최종 본문을 만들어 가는 편집 과정에서 기인하는 잦은 모순, 모호함, 괴리를 고려하지 않는다. 사실, 문학적 접근법들은 이야기의 편집층이나 심지어 편집사 등에도 통상 관심을 기울이지 않는다. 본문 너머의 세계the world behind the text는, 이야기 세상 속의 내용과 연계하며 읽을 때에 나타나는 시적 요소들에 대한 해석에 별다른 중요성을 지니지 않는다. 더욱이 본문이 현재의 독자 공동체에 주는 영향력은 그 본문의 최종 형태에 앞서는 다양하고 복잡한 전승들과도 별다른 관련이 없다. 이야기의 모호함이나 불일치가 어려움을 낳더라도, 이러한 특성들은 그 사안들을 읽고 개인의 해석 과정에 통합하는 기회가 된다.

현대의 문학비평 방법론에 대하여 제기되는 두 번째 반론은 이 접근법들의 대다수가 현대 문학을 연구할 때에 사용되거나, 성서학과 무관한 분야의 학자들이 사용하는 이론과 방법론에 근거한다는 것이다. 러시아 문학 이론가인 미하일 바흐친이나 불가리아 출신 프랑스 심리학자이자 문학평론가인 줄리아 크리스테바의 작품들이 성경 해석의 상호텍스트 연구에서 근간이 되었음은 사실이다. 또한 독자반응비평은 독일의 학자 볼프강 이저Wolfgang Iser나 미국의 이론가 스탠리 피시Stanley Fish 등과 같은 저명한 문학평론가들의 글에 그 토대가 있다고 주장한다. 비록 다양한 형태의 수사학 비평이 아리스토텔레스 같은 그리스 철학자들과 퀸틸리아누스 등이 쓴 글들에서 기원하더라도, 그 작품들 역시 대다수의 성경 문학보다 후대에 생겨났다. 그러나 고대와 현대의 문학 모두 구성과 수용에 있어 동일한 기본 관습을 상당 부분 공유한다는 점에서 성경 문학에 현대 문학 방법론을 적용하는 것이 가능해진다. 물론 고대 문학이나 성경 본문에 적용하는 것이 적합하지 않은 현대 문학 접근법이 있는 것도 사실이다. 그렇다 하더라도 문학비평의 몇몇 영역에서, 현대적 접근법에 의해 해석된 결과물들은 다른 방법론에 의한 것보다 신뢰성이 더 높을 수 있다. 일례로 역사비평 연구를 통해 특정 본문이 고대 이스라엘 청중에게 주었을 영향을 추정해 볼 수 있지만, 현대의 독자반응 비평은 훨씬 덜 가설적인 현대의 청중을 바탕으로 해석을 제시할 수 있다.

그렇지만 누군가는 이 방법론들과 그 토대가 되는 이론들이 주로 허구적 서사fiction를 연구하기 위해 고안된 것이라고 반박할지도 모른다. 이와 다르게 성경은 구원사의 이야기이다. 예를 들어 구약성경에서 바빌론 유배라는 역사적 사건은 여러 예언서 본문의 어휘들과 내러티브에 각인되어 있고, 애가가 증언하고 있으며, 몇몇 역사서에 서술되어 있다. 신약성경에서 복음서들은 1세기 그리스 로마 세계의 맥락과 사건들 속에서 역사적 예수를 증언한다. 하지만 허구적 서사를 연구하는 데 사용하는 방법론으로 성경을 연구하는 것이 성경이 증언하는 역사적 차원을 부정하는 것은 아니다. 오히려 문제는 역사와 허구적 서사의 개념 사이에서, 마치 하나는 옳고 다른 하나는 그른 것처럼 여기는 잘못된 이분법이다. 역사는 실제로 일어났다고 주장되는 사건에 대한 설명을 제공하지만, 그 사건을 세부적으로 서술하는 역사적 내러티브는 항상 사후에 이루어지기 때문에 재현representational의 성격을 지닌다. 그러므로 역사 서술은 역사적 사건 자체와 동일하지 않으며 발생한 사건에 대한 묘사일 뿐이다. 이와 마찬가지로 허구적 서사도 실제로 일어난 일이든 그렇지 않든, 항상 그에 대한 재현의 성격을 지니는 이야기이다. 지난 날 에리히 아우어바흐Erich Auerbach는 '현실에 대한 묘사'라면 무엇이든, 바로 그것이 지니는 재현적 지위 덕분에 문학으로서 연구될 수 있다는 점을 설득력 있게 주장하였다. 그러므로 비록 성경이 역사적 사건에 배경을 둔 여러 이야기를 제시하고 있기는 하지만, 이를 산문과 시의 형식으로 재현한 것들에 대해서는 역사적 성격의 연구뿐만 아니라 문학적인 평가도 가능하다.

한편, 어떤 이들은 본문의 내러티브적 특성이나 수사학적 가능성 및 독자에 대한 영향력과 같은 본문의 문학적 양상에 대한 강조가 자칫 이 본문들이 증언하는 역사적 현실의 중요성을 가리거나 약화시키지 않을까 걱정한다. 그러나 문학적 분석은 자주 역사적 증언을 조명하고 강조하는 한편, 본문의 신학적 의미를 드러내는 데에 기여해 왔다. 그러므로 어떤 문학적 방법론으로 이 본문들을 연구한다는 것이 성경의 지시적 특성referential quality에 도전하거나 이를 부정하는 것은 아니다. 믿음의 공동체들은 항상 이 본문들을 신앙의 토대가 되는 역사적 시간 속의 구원 사건을 가리키는 것으로 받아들이고 읽어 왔다. 그러나 이 본문들의 문학적 특성도 오랜 세월 인정받고 연구되어 왔다. 문학비평은 이 전통을 이어가면서 관련된 방법론들을 적용하고, 우리의 이해를 제고하며 계시의 잠재성을 열어 주는 본문의 시적 가능성들에 대한 학문적 연구를 진전시킨다.

또한 문학비평은 성경 본문을 연구의 중심이자 주요 대상으로 삼는다. 이 비평은 본문이 형성된 단계나 본문을 이루는 다양한 양식 및 전승에 개의치 않는다. 문학비평은 본문 너머의 세계 대신 본문 그 자체에 관심을 모은다. 이는 성경 이야기의 최종 형태를 존중하는 것이다. 본문에서 서술되는 세계의 맥락은 그 본문이 말하고자 하는 바의 배경이 된다. 이러한 비평은 독자들이 본문에만 초점을 맞추도록 하며, 그로부터 통찰을 얻고, 질문을 던지며, 이 전승의 문학적인 면을 토대로 관찰하여 해석할 수 있도록 한다. 이와 같이 본문을 중심으로 접근하는 방식은 본문을 강론·상담·강의 등에 사용하는 이들에게 특별한 도움을 준다. 게다가 신앙을 지닌 청중이 자신의 문학적 소질과 감수성을 발휘하여 성경을 읽도록 공적으로 허용함으로써, 다른 방식으로 본격적 성경 연구에 임할 기회를 가지기 힘든 이들이 성경 본문에 좀 더 쉽게 접근하고 이를 의미 있게 대할 수 있도록 돕는다.

문학적 분석은 역사비평 연구의 성과를 배가할 수 있으며, 때로는 이 본문들을 낳은 세계를 드러내어 그 연구에 보탬이 되기도 한다. 특히 잠언과 같은 경우에는 시대적 맥락을 재구성하기 어렵고 편집의 역사 또한 명확히 정의하는 것도 불가능하다. 저자, 저술 연대, 배경, 출전 등에 대해 비교적 확실한 정보가 있는 본문조차도, 이러한 주장 대부분에는 항상 불확실성의 그림자가 따라다닐 것이다. 논쟁이나 의심이 끊이지 않는 근거에 의존하지 않는 접근법이야말로 믿을 만한 해석의 토대가 될 수 있다. 이러한 점에서, 문학비평은 많은 성경 본문의 본질에 잘 부합하는 접근 방식이다. 구약성경과 신약성경의 많은 부분이 내러티브와 시문詩文으로 구성되어 있다. 이야기의 내러티브적, 수사학적 특성에 대해 혹은 시문의 시적 장치에 대해 연구하는 것은 분석 대상이 되는 자료의 성격에 완벽히 부합하는 의미를 드러낼 수 있다. 따라서 본문의 최종 형태에 존재하는 문학적 풍요로움에서 출발하는 접근법은, 알 수 없는 차원은 비켜 가고 어려운 역사적 사안을 결정짓지 않고서도 새로운 해석을 제공해 준다.

문학적 접근법의 접근 용이성도 신앙 공동체에 이점이 될 수 있다. 본문을 중시하고 꼼꼼히 읽는 방식이 신앙인들 사이에서 더 잘 받아들여지는 경향이 있다. 달리 성경을 공부할 여건을 갖추지 못한 사람들 사이에서, 이 접근법은 성경을 공부하도록 촉진한다. 본문을 중심에 두는 접근법은 본문이 그 자신에 대해 말하는 것을 선호하고 그에 대한 독자들의 반응에 관심을 기울이기 때문에, 문학적 접근법은 특히 회중에게 매력을 지닌다. 모든 문학적 접근법이 신앙 공동체의 독자들에게 적합한 것은 아니지만, 내러티브 접근법과 수사학적 접근법에 포함된 꼼꼼히 읽기는 본문을 오래 연구하고 기도할 수 있도록 뒷받침한다. 신앙인 개인이나 신앙 공동체가 자신의 고유성에 따라 읽은 것에 응답하는 것은 성경 공부를 촉진할뿐더러 탄탄한 결과물도 기대하게 한다. 이와 더불어 본문에 특권을 부여하는 접근법은 이미 본문의 권위를 강조하는 신앙 전통과도 부합한다.

마지막으로, 성서학 내에 문학적 접근법이 등장한 것은 이 학문 분과 자체에도 큰 영향을 미쳤다. 이러한 방법론들이 발전하면서 성서학자와 신앙 공동체의 경계를 넘어선 영역에서도 성경에 대해 비판적 질문을 던지고 관심을 갖게 되었다. 대학교에서 다양한 분야의 문학, 문화를 연구하는 학자들이 성경 문학에 관련된 연구에 참여하고 그에 관한 글을 발표하는 경우도 늘고 있다. 관련 학문 분야 학자들과 성서학자들이 교류하게 되면서 해석에 대한 새롭고 도전적인 논의가 촉진되었다. 더욱 중요한 점은 이러한 교류를 통해 성서학자들의 연구는 좀 더 넓은 학문적 영역으로 확장되었을 뿐만 아니라, 성서학이 공적인 담화에 참여할 수 있는 길도 열린 것이다.

참고 문헌

Alter, Robert. *The Art of Biblical Narrative.* 2nd edn. New York: Basic Books, 2011.

___________. *The Art of Biblical Poetry.* New York: Basic Books, 1985.

Bar-Efat, Simon. *Narrative Art in the Bible.* London: T&T Clark, 2004.

Culpepper, R. Alan, *Anatomy of the Fourth Gospel: A Study in Literary Design.* Philadelphia, PA: Fortress Press, 1983.

Exum, J. Cheryl and David J. A. Clines, eds. *The New Literary Criticism and the Hebrew Bible.* London: Continuum International Publishing Group, 1993.

Greimas, Algirdas Julien. *Sémantique structurale*: recherche de méthode. Paris: Larousse, 1966.

Hays, Richard B. *Echoes of Scripture in the Letters of Paul.* New Haven, CT: Yale University Press, 1989.

Kennedy, George A. *New Testament Interpretation through Rhetorical Criticism.* Chapel Hill, NC: University of North Carolina Press, 1984.

Muilenberg, James. "Form Criticism and Beyond." *Journal of Biblical Literature* 88, no. 1 (March 1, 1969): 1-18.

Pontifical Biblical Commission. *The Interpretation of the Bible in the Church.* Vatican City: Libreria Editrice Vaticana, 1993.

Rhoads, David and Donald Michie. *Mark as Story: An Introduction to the Narrative Study of a Gospel.* Philadelphia, PA: Fortress Press, 1982.

Trible, Phyllis. *Rhetorical Criticism-Context, Method and the Book of Jonah.* Minneapolis, MN: Fortress Press, 1994.

옮긴이의 말

이 책에 실린 논문, '성경과 정의'와 '성경의 문학비평'은 현대인의 관점에서 성경을 어떻게 읽을 수 있을지에 대한 고찰을 담고 있다. 이 책의 수록 순서와 무관하게 장 프랑수아 라신Jean François Racine과 지나 헨즈 피아자Gina Hens Piazza가 쓴 '성경의 문학비평'을 먼저 소개하면 이 글은 내러티브 비평, 기호학, 수사학 비평, 상호텍스트성, 독자반응 비평 등 문학을 비평하고 해석하는 현대의 이론을 바탕으로, 고대에 쓰인 문서인 성경을 이해하기 위한 모델을 제시하고 있다. 이는 성경 본문도 일반 문학작품과 같은 방식으로 바라볼 수 있다는 입장을 전제한다. 두 저자는 성경 본문 해석의 네 가지 요소로서 세계/우주universe, 청자/독자, 저자/예술가, 그리고 본문을 제시하고, 본문을 각각 이 요소들과의 연관성 안에서 바라보도록 방향을 제시한다. 그들이 소개하는 다양한 문학적 해석의 방식은 모두 이러한 틀 안에서 이해할 수 있다. 예를 들어 저자나 독자의 존재는 배제한 채 본문을 그 자체로만 바라보거나, 본문이 세계(우주)와 어떠한 관계에 놓여 있는지에 대해 관심을 갖고 바라보거나, 본문과 세계(우주)의 관계에 대해 살펴보면서 분석하는 식이다. 아울러 본문과 연관된 세 가지 '세계'인 (1) 본문이 형성된 성서 시대의 역사와 사회적 맥락이 담긴 본문 너머의 세계 (2) 본문에서 펼쳐지고 있는 본문 안의 세계 (3) 본문을 접하는 독자가 몸담고 있는 본문 앞의 세계를 구분해서 이해하는 것도 도움이 될 것이다. 특히 글의 후반부에서 성경에 대한 문학적 접근법의 장단점을 모두 다루고 있어 내용 전체를 균형 있게 바라보는 데에 유익하다. 한편, 독자반응 비평에 입각한 해석법의 경우 개개의 독자,

혹은 특정한 독서 공동체가 성경 본문을 어떻게 해석할 것인가에 초점을 맞춘다. 독자나 독서 공동체마다 처한 상황이 각기 다르므로 그들의 현실과 맥락에 입각하여 다양한 방식의 해석이 가능한데, 바로 여기서 성경을 정의의 차원에서 읽는 접근법과의 접점도 찾아볼 수 있다.

캐롤 J. 뎀프시Carol J. Dempsey가 쓴 '성경과 정의'라는 논문은 성경이 정의의 문제를 어떻게 다루며, 현대인의 관점에서 정의를 실현하기 위해서는 성경을 어떻게 읽어야 할 것인가에 관한 문제를 다룬다. 저자는 '결을 따라' 읽기와 '결을 거슬러' 읽기라는 두 가지 독법을 소개한다. 먼저 '결을 따라' 읽기는 히브리 성경과 신약성경의 여러 부분에서 정의가 어떤 식으로 표현되며 어떠한 의미를 지니는지를 살펴본다. 이는 독자가 성경 저자들의 관점을 자신의 관점으로 삼아 성경을 해석하는 것이다. '결을 거슬러' 읽기는 성경 본문을 비판적으로 들여다보는 것이다. 이때 독자는 성경 저자들의 관점을 전적으로 수용하기보다, 그 관점마저도 분석과 해석의 대상으로 삼아 성경을 바라보게 된다. 이 논문에서 저자는 특히 '정의'라는 렌즈를 통해 수행한 비판적 해석 작업의 예들을 소개한다.

인류의 역사와 사회가 전개되어 오면서, 현대에는 인권과 정의에 대한 감수성이 과거보다 훨씬 깊어졌다. 현대인들이 이해하는 정의의 관점에서 성경 본문을 해석하는 작업은 고대의 문서인 성경과 성경이 해석되어 온 긴 과정에서 크게 부각되지 않았거나 잊혔거나, 심지어 억압되었다고 볼 수도 있는 부분을 눈여겨보고, 그것에 목소리를 부여하는 작업이다. 논문에 소개되었듯이 언어와 비유/은유도 중요하다. 언어와 비유/은유에는 세계관과 가치관이 담겨 있기 때문에 성경에 나타난 표현들은 성경의 특정 본문이 전제하는 세계관이나 가치관을 명시적이거나 암묵적으로 드러낸다. 바로 여기서 정의의 관점에서 성경을 해석하는 접근법과 문학적 접근법 사이의 접점을 찾아볼 수 있다.

두 편 모두 성경과 현대사회의 대화, 그리고 성경 본문이 현실 사회에 참여할 수 있는 방법에 대한 논의를 다룬다. 이러한 논의에 익숙한 독자도 있고, 매우 생소한 독자도 있을 것이다. 또 지금까지 성경을 읽고 해석해 온 방식에 대해 굳은 신념과 자부심을 갖고 있는 독자 중에는 새로운 방식으로 성경을 '해석'하거나 '해체'하려는 시도가 불편할 수 있다. 그런가 하면 성경을 고리타분한 고대의 문서로만 여겼던 독자에게는 전혀 새롭게 성경을 바라보는 계기가 될 수도 있다. 중요한 것은 성경이 유대교나 그리스도교만이 아니라 인류 모두의 유산이라는 점이다. 아울러 다원주의 사회인 현대 세계에서는 서로 다른 종교, 문화, 가치관을 지닌 사람들이 그 어느 때보다 더 활발하게 교류하기에, 이제는 유대교나 그리스도교 이외의 배경을 지닌 사람들도 성경을 읽고 자신의 관점으로 해석하는 경우가 많아졌다. 또한 유대교나 그리스도교의 배경을 지닌 사람들 사이에서도 개개인이나 사회적 맥락에 따라서 성경을 읽고 이해하는 방식이 다를 수 있다는 사실을 잊어서는 안 될 것이다. 따라서 현대의 성경 해석에서는 나의 관점과 타인의 관점을 존중하는 태도가 매우 중요하다. 이제 이 책을 읽고 새로운 시각으로 성경을 바라보게 된 이들에게는 지금까지 성경을 읽어 온 관점이 무엇이었는지 깨닫고, 자신과 다른 방식으로 성경을 읽고 해석하는 가능성과 관점들을 어떻게 받아들일 것인가 하는 도전이 주어진다.

논문이 소개하는 여러 관점과 해석에 동의하지 않을 수도 있다. 그러나 다소 생소하거나 선뜻 동의할 마음이 들지 않는다고 무조건 거부하는 것은 의미 있는 태도가 아닐 듯하다. 성경 본문은 하나의 획일적인 목소리만이 아닌, 다양한 목소리를 담고 있다. 이 논문들이 소개하는 관점과 해석은 모두 이 시대를 함께 살아가는 동료 인류 구성원들이 각자에게 소중하고 긴급한 상황 속에서 성경을 진솔하게 마주하는 태도로부터 비롯되었다. 성경이 화석화된 죽은 문서가 아니라 항상 구체적인 시대 상황 속에서 새롭게 이해되고 해석되어야 하는 살아 있는 글이라면, 동시대를 살아가는 누군가가 이렇게 성경 본문을 읽고 해석하는 관점들을 손쉽게 배제할 수는 없는 일이다. 나와 상대방의 관점을 존중하면서 상대방의 관점을 열린 태도로 대하는 해석의 자세는, 상대방의 관점에 대한 동의 여부와 무관하게 나의 관점과 성경에 대한 이해를 깊게 해 줄 것이다. 같은 본문을 서로 다르게 이해하는 가능성에 대해 눈을 뜨게 되고 성경 본문이 현실에서 지니는 의미에 대해 고민하게 되기 때문이다.

여기에 소개된 접근법들, 특히 사회정의의 관점에서 성경을 읽는 작업을 성경에서 현대의 사회문제들에 대한 답을 찾으려는 시도로 본다면 곤란하다. 성경은 매번 새롭게 이해되고 해석되어야 하지만, 하느님의 영감을 받은 인간 저자들이 수천 년 전에 우리와는 다른 역사와 문화적 맥락 속에서 집필한 문서이다. 그렇기에 성경 본문이 담고 있는 세계관이나 언어적 표현들이 오늘날 우리가 겪는 '모든' 사회적 문제를 '구체적'으로 제시하고 그 해법을 제시할 수 있는 것은 아니다. 그러나 우리의 문제의식을 분명히 인식하면서 성경 본문을 비판적으로 대할 때에, 그 시대의 고민과 우리 시대의 고민이 만나는 곳, 그 시대와 우리 시대가 서로 다르게 표현하거나 이해하는 곳을 발견할 수 있다. 바로 그 작업이 성경의 메시지를 새롭게 이해하는 토대가 되고, 성경을 집필한 인간 저자들의 언어와 표현, 시대와 공간을 초월하여 성경 본문이 우리에게 전하는 초대를 깊이 깨닫는 길이 될 것이다.

어떤 방법론도 그 자체로 완벽할 수 없다. 여기에 소개된 접근법들은 완전무결한 방법론이 아니라, 다른 수많은 관점과 방법론과 더불어 성경 해석을 더욱 풍요롭고 의미 있게 해 주는 수단 가운데 일부이다. 이들은 문제에 대한 해답을 찾는 것뿐만 아니라 문제 제기 자체만으로도 큰 의미를 지닌다.

신앙인의 관점에서 볼 때, 하느님은 그 무엇보다도 더 큰 분이시다. 신앙을 명시적으로 전제하지 않더라도 성경을 해석하는 관점을 통해, 신앙인들이 성경에 대해 많은 것을 성찰하고 자신의 신앙을 새롭게 다지는 계기를 얻을 수 있음을 믿어 마지않는다. 성경 본문은 인간의 언어로 하느님의 신비를 담은 거룩한 글이고, 다양한 해석의 작업은 의식적으로 때로는 무의식적으로라도 그 신비를 이해하고자 하는 인간의 노력이다. 신앙인이든 비신앙인이든 성경이 전제하는 그 신비한 분에 대한 경외심을 지니면서, 우리와 함께 살아가는 동료 인류 형제자매들의 고민과 땀이 담긴 다양한 목소리에 귀를 기울이고 우리의 목소리도 담아 볼 수 있기를 희망한다. 그리고 하느님은 그 모든 방법론과 목소리를 합한 것보다 더 큰 분이심을 되새긴다.

많은 영감을 주는 좋은 논문 두 편을 번역할 기회를 주신 '성서와함께'의 모든 분께 깊이 감사드린다.

뮌헨 성모성당이 바라보이는 곳에서
김건동 베네딕도